Fidji Guide De Voyage 2024-2025

Explorez les îles enchanteresses d'Océanie - Découvrez les principales attractions, les joyaux culturels et les conseils d'initiés pour une aventure inoubliable dans le Pacifique Sud !

Gregory Richardson

Table des matières

Table des matières..1
Page de droits d'auteur..4
PRÉFACE..5

Chapitre 1.. 11
INTRODUCTION AUX FIDJI............................11
    Accueillir le paradis : aperçu des Fidji................. 13
    Mélange culturel unique : patrimoine et traditions fidjiennes..16
    Informations pratiques : visa, monnaie et étiquette locale... 19

Chapitre 2.. 25
PLANIFIER VOTRE VOYAGE À FIDJI.......................25
    Meilleur moment pour visiter : naviguer dans les saisons des Fidji... 27
    Conseils de transport : entrer, se déplacer et au-delà des Fidji.. 36

Chapitre 3.. 41
OÙ SÉJOURER À FIDJI.................................... 41
    Trésors cachés : hôtels de charme et séjours écologiques...46
    Guide de l'initié : familles d'accueil locales et expériences authentiques.....................................51

Chapitre 4.. **57**
EXPLORER LA CUISINE FIDJIENNE........................**57**
    Marchés locaux : naviguer dans les hotspots
    gastronomiques... 61
    Fête fidjienne : plats à essayer absolument et
    étiquette à manger...65

Chapitre 5.. **69**
AVENTURES AQUATIQUES À FIDJI..........................**69**
    Surfing Haven : attraper les vagues dans le
    Pacifique... 77

Chapitre 6.. **81**
**EXCURSIONS TERRESTRE ET MERVEILLES DE LA
NATURE**... **81**
    Vie de village : immersion culturelle et tourisme
    communautaire... 85
    Rencontres avec la faune : explorer la faune des
    Fidji... 88

Chapitre 7.. **91**
FAITS SAILLANTS CULTURELS..............................**91**
    Cérémonies traditionnelles : assister aux
    célébrations fidjiennes... 92

Chapitre 8.. **101**
SHOPPING ET SOUVENIRS..................................**101**
    Trésors du marché : des souvenirs uniques à
    ramener à la maison.. 102

Vitrine de l'artisanat : marchés artisanaux traditionnels.. 106
Chasse aux bonnes affaires : conseils pour faire du shopping avisé aux Fidji.. 111

Chapitre 9.. 117
AU-DELÀ DU SENTIER TOURISTIQUE.................. 117
Îles isolées : aventures hors des sentiers battus.. 118
Escapades écotouristiques : préserver la beauté naturelle des Fidji..121

PRIME.. 131
A. Itinéraire d'aventure de 7 jours aux Fidji...........131
B. Collection de phrases de base que les voyageurs se rendant aux Fidji devraient apprendre............ 135
C. 10 choses que vous ne devriez pas faire aux Fidji en tant que voyageur... 137
D. 10 endroits que vous ne devriez pas visiter aux Fidji en tant que voyageur..................................... 140
E. PLANIFICATEUR DE VOYAGE....................... 143

Page de droits d'auteur

(C) Grégory Richardson, 2024

Tous droits réservés. Aucune partie de cette publication ne peut être reproduite, distribuée ou transmise sous quelque forme ou par quelque moyen que ce soit, y compris la photocopie, l'enregistrement ou d'autres méthodes électroniques ou mécaniques, sans l'autorisation écrite préalable de l'éditeur, sauf dans le cas de brèves citations incorporées. dans des critiques critiques et dans certaines autres utilisations non commerciales autorisées par la loi sur le droit d'auteur.

PRÉFACE

Au cœur animé de Miami, où le soleil embrasse les rivages et où l'énergie vibrante de la ville palpite dans les rues, moi, un Miamiien né et élevé, j'ai eu envie d'une évasion. L'année 2023 n'a été qu'un tourbillon de succès et de tâches sans fin, me laissant dans le besoin d'une retraite pour rajeunir mon esprit. Je ne savais pas que ce désir me mènerait au paradis enchanteur des Fidji en Océanie.

Tard dans la soirée, alors que l'horizon de Miami scintillait en arrière-plan, j'ai engagé un dialogue captivant avec un collègue qui avait récemment exploré le joyau du Pacifique qu'est Fidji. Les histoires qui se sont déroulées étaient tout simplement fascinantes : des plages immaculées, des récifs coralliens vibrants et une culture ancrée dans la chaleur et la tradition. Alors que mon collègue parlait avec passion de la beauté des Fidji, je me suis retrouvé accroché à chaque mot, l'attrait de cette terre lointaine attisant ma curiosité.

Avec le désir de vivre quelque chose au-delà des destinations touristiques ordinaires, mes recherches m'ont amené à envisager diverses destinations d'Océanie. L'Australie et la Nouvelle-Zélande figuraient sur la liste, mais le charme des Fidji, avec ses promesses de beauté intacte et de richesse culturelle, m'a interpellé d'une manière profondément personnelle. J'ai mené des recherches approfondies, cartographiant des villes et des lieux qui offriraient un mélange unique d'aventure et de détente.

Alors que je préparais mon voyage, rassemblant la documentation et les exigences nécessaires, les Fidji restaient un phare de fascination. La décision était prise : je mettrais le pied sur cette terre paradisiaque en octobre 2023, me lançant dans un voyage qui changerait mes perspectives et laisserait une marque indélébile dans mon âme.

En arrivant aux Fidji, j'ai été accueilli par une tapisserie de couleurs – des eaux bleu azur caressant les rivages sablonneux à la verdure luxuriante qui recouvrait le paysage. Mon premier arrêt a été Nadi, un centre animé qui mélange harmonieusement le moderne et le traditionnel. Les habitants sympathiques m'ont accueilli avec "Bula!" – une salutation fidjienne qui résume la chaleur et la convivialité de l'île.

De Nadi, mon exploration m'a conduit aux îles Yasawa, une chaîne d'îles pittoresques connues pour leurs plages immaculées et leurs eaux cristallines. Ici, je me suis plongé dans des aventures de plongée en apnée, découvrant un kaléidoscope de vie marine sous la surface. Les récifs coralliens vibrants dessinaient un monde sous-marin qui semblait tout droit sorti d'un rêve.

Une île en particulier, Naviti, a conquis mon cœur avec ses criques isolées et ses palmiers ondulants. J'ai trouvé du réconfort dans la simplicité de la vie du village, en partageant des rires et des histoires avec les habitants. L'hospitalité fidjienne n'était pas seulement un concept mais une réalité vivante et respirante qui m'a enveloppé pendant mon séjour.

Alors que mon voyage se poursuivait, je me suis aventuré à l'intérieur des terres, sur les hauts plateaux de Viti Levu, où m'attendait le village de Navala. Niché au milieu de collines émeraude, Navala est un village fidjien traditionnel avec des bures au toit de chaume et un sentiment d'authenticité intemporelle. Les villageois ont gracieusement ouvert leurs maisons, m'invitant à participer à leurs coutumes et cérémonies, favorisant ainsi une connexion qui transcendait les barrières linguistiques.

Aucune visite aux Fidji ne serait complète sans explorer la Côte de Corail, une étendue de littoral ornée de récifs coralliens et de paysages pittoresques. Les dunes de sable de Sigatoka, témoignage des merveilles géologiques des Fidji, offrent un contraste saisissant avec les eaux bleu azur, mettant en valeur la diversité de cette nation insulaire.

Tout au long de mon voyage, le peuple fidjien a laissé une marque indélébile dans mon âme. Leurs sourires sincères, leurs rires contagieux et leur sens inébranlable de la communauté m'ont profondément marqué. Qu'il s'agisse de savourer un festin traditionnel fidjien ou de participer à une cérémonie de kava, chaque interaction était un aperçu d'une culture qui chérit l'unité et accueille les visiteurs à bras ouverts.

Au fil des jours, les Fidji sont devenues plus qu'une destination ; c'est devenu une partie de moi. L'esprit fidjien de « Bula » a imprégné chaque recoin de mon être, insufflant un sentiment de tranquillité et de gratitude. Mes vacances aux Fidji n'étaient pas simplement une évasion ; ce fut un voyage transformateur qui m'a ouvert les yeux sur la beauté de la simplicité et la richesse des relations humaines.

Quitter les Fidji a été doux-amer, mais en montant à bord de l'avion pour Miami, je savais dans mon cœur que ce ne serait pas ma dernière rencontre avec cet archipel captivant. L'attrait des Fidji, avec ses paysages intacts et son étreinte accueillante, s'attardait dans mes pensées, murmurant des promesses d'aventures futures.

Dans les mois qui ont suivi, les souvenirs des Fidji sont devenus un sanctuaire précieux, une évasion mentale lors de journées trépidantes. Les plages immaculées, les récifs coralliens vibrants et les échos des chansons fidjiennes se répétaient dans mon esprit comme une mélodie apaisante, m'invitant à revenir.

Et je reviendrai. Fidji, avec son charme intact et la chaleur authentique de ses habitants, a creusé un espace permanent dans mon cœur rempli d'envie de voyager. L'envie d'évasion m'a conduit vers ce paradis du Pacifique, et désormais, l'envie d'un voyage de retour alimente mes rêves. Dans un avenir proche, je monterai à nouveau dans un avion à destination des Fidji, prêt à raviver le lien avec une terre qui va au-delà d'être une destination : c'est un deuxième chez-soi, un sanctuaire pour l'âme. Bula, Fidji ; jusqu'à ce que nous nous revoyions.

Chapitre 1

INTRODUCTION AUX FIDJI

Les Fidji, un archipel captivant situé au cœur du Pacifique Sud, enchante les visiteurs par sa splendeur naturelle sans précédent. Les 333 îles de l'archipel offrent des paysages diversifiés, allant des sommets et vallées verdoyantes de Viti Levu aux plages immaculées et aux récifs coralliens qui ornent les eaux environnantes. Les lagons turquoise des Fidji et les forêts tropicales luxuriantes créent une symphonie visuelle, dressant un portrait de paradis qui captive les sens. Les voyageurs sont invités à explorer les merveilles sous-marines, avec des jardins de coraux regorgeant d'une vie marine vibrante offrant un terrain de jeu aquatique pour les plongeurs et les plongeurs. L'attrait des Fidji s'étend au-delà de ses paysages dignes d'une carte postale ; elle réside dans la coexistence harmonieuse d'écosystèmes diversifiés, chacun contribuant au statut de hotspot de biodiversité de l'archipel. Ce chapitre résume l'essence de la beauté naturelle des Fidji, encourageant les lecteurs à s'imaginer immergés dans les paysages à couper le souffle qui définissent cette destination idyllique.

En plus de son charme pittoresque, les Fidji possèdent une tapisserie culturelle dynamique, un riche patrimoine tissé de traditions qui illuminent l'identité unique de l'archipel. Le peuple fidjien, connu pour ses sourires chaleureux et son cœur ouvert, invite les voyageurs à plonger dans son monde de traditions et de coutumes. Des rythmes des danses traditionnelles meke aux rassemblements communautaires pour les cérémonies du kava, le battement du cœur culturel des Fidji résonne dans chaque île.

Ce chapitre dévoile les différentes couches de la culture fidjienne, mettant en valeur la fusion des influences mélanésiennes, polynésiennes, micronésiennes et indiennes qui contribuent à la diversité de la nation. Les traditions indigènes fidjiennes se mélangent parfaitement à l'héritage indo-fidjien, créant un mélange culturel harmonieux célébré dans les festivals, les rituels et la vie quotidienne. Au-delà des paysages pittoresques, c'est la mosaïque culturelle vibrante qui fait des Fidji une destination où chaque voyageur peut expérimenter la joie de l'immersion culturelle, acquérant une plus grande appréciation des personnes qui habitent ces îles.

Accueillir le paradis : aperçu des Fidji

Nichées au cœur du Pacifique Sud, les Fidji, avec leurs 333 îles, constituent un havre tropical qui ressemble à une étreinte chaleureuse de la nature elle-même. Le charme de l'archipel réside dans la diversité de ses paysages, où chaque île semble être un chef-d'œuvre peint par les mains de Mère Nature. Alors que les voyageurs embarquent pour un voyage à travers les Fidji, ils rencontrent des eaux turquoise qui viennent doucement caresser les plages immaculées, créant une scène tout droit sortie d'une carte postale. La verdure luxuriante, vibrante de flore tropicale, forme un décor verdoyant qui accentue la beauté des îles. Cette tapisserie de merveilles naturelles est l'invitation des Fidji, un paradis accueillant qui captive l'âme.

Situées en Mélanésie, les Fidji se sont taillé une place sur la carte du monde non seulement pour leurs panoramas époustouflants, mais aussi pour leurs habitants chaleureux, surnommés affectueusement les Fidjiens. Ces habitants incarnent le véritable esprit d'hospitalité, faisant en sorte que les visiteurs se sentent davantage comme des invités précieux que comme des touristes. La culture de l'accueil des étrangers à bras ouverts est profondément ancrée dans le mode de vie fidjien, créant une atmosphère de véritable convivialité qui imprègne tout l'archipel. Des centres urbains animés aux villages isolés et à la nature sauvage intacte, chaque endroit reflète l'essence de l'hospitalité des Fidji, favorisant un sentiment d'appartenance pour ceux qui s'aventurent sur ses côtes.

Les îles principales de Viti Levu et Vanua Levu servent de passerelles vers un large éventail d'expériences. Viti Levu, la plus grande île, abrite la capitale, Suva, et le centre touristique de Nadi. Suva, nichée sur la côte sud-est, offre un mélange de sophistication urbaine et de charme historique. L'architecture coloniale de la ville et ses marchés dynamiques mettent en valeur l'identité multiculturelle des Fidji. En revanche, Nadi, située du côté ouest, sert de point d'entrée à de nombreux voyageurs. Sa proximité avec la célèbre île de Denarau et les superbes chaînes d'îles Yasawa et Mamanuca en font un point de départ stratégique pour l'exploration.

Au-delà des îles principales, Vanua Levu, la deuxième plus grande île des Fidji, attire par sa nature sauvage intacte et ses expériences fidjiennes authentiques. Ici, le rythme de vie ralentit, permettant aux voyageurs de s'immerger dans la culture locale et d'adopter le style de vie décontracté de l'île. L'hospitalité des villages, entourés de paysages luxuriants et encadrés par des côtes immaculées, offre une véritable connexion avec le cœur des Fidji.

L'attrait des Fidji s'étend bien au-delà des paysages pittoresques qui ornent ses côtes. Sous les eaux cristallines se trouve un kaléidoscope de vie marine qui attire les passionnés et les curieux. Les récifs coralliens qui bordent les îles sont des écosystèmes dynamiques regorgeant d'une multitude d'espèces marines. Faire de la plongée en apnée dans ces eaux, c'est comme entrer dans une galerie sous-marine surréaliste, avec des bancs de poissons tropicaux, des formations coralliennes complexes et, si vous êtes chanceux, des rencontres avec des créatures marines majestueuses comme des tortues et des raies.

Pour ceux qui recherchent une expérience plus immersive, le monde sous-marin des Fidji s'ouvre à travers des expéditions de plongée. Que vous soyez novice ou plongeur expérimenté, l'archipel offre divers sites de plongée, des jardins de coraux vibrants aux grottes sous-marines et aux épaves de navires. Le Grand Récif de l'Astrolabe, l'une des plus grandes barrières de corail au monde, est un paradis pour l'exploration sous-marine, mettant en valeur la biodiversité qui prospère dans les eaux chaudes et claires des Fidji.

Les passionnés de voile trouvent leur refuge dans la vaste étendue océanique des Fidji. Les nombreuses îles de l'archipel créent un paradis pour les marins, chaque île offrant un mélange unique de mouillages, de plages et d'expériences culturelles. En naviguant dans les eaux turquoise entre les îles, on peut assister à des couchers et levers de soleil à couper le souffle, avec le paysage environnant baigné de teintes orange, rose et violette. Naviguer à travers les îles Yasawa et Mamanuca, où les plages bordées de palmiers rencontrent les eaux turquoise, est un voyage à travers un paysage maritime de rêve.

Le climat fidjien, caractérisé par un climat maritime tropical, renforce encore l'attrait de ces aventures en plein air. Des températures chaudes règnent tout au long de l'année, créant un environnement idéal pour les amateurs de soleil et d'aventure. La saison sèche, de mai à octobre, est particulièrement populaire, offrant un ciel clair et une humidité plus faible. La saison humide, de novembre à avril, apporte une verdure luxuriante et des averses de pluie occasionnelles, ajoutant une touche rafraîchissante au paysage.

Mélange culturel unique : patrimoine et traditions fidjiennes

Le paysage culturel des Fidji est une tapisserie riche et dynamique, tissée de manière complexe avec des fils de tradition, de communauté et de résilience. Le peuple fidjien, fier gardien de son patrimoine, incarne un mélange unique d'influences des cultures mélanésienne, polynésienne, micronésienne et indienne. Cette confluence fascinante n'est pas seulement un récit historique ; c'est une essence vivante et respirante qui imprègne tous les aspects de la vie quotidienne des Fidjiens.

Les cérémonies traditionnelles occupent une place particulière dans la culture fidjienne, servant de fenêtre sur l'âme de la nation. Une de ces cérémonies qui se démarque est la cérémonie vénérée du kava. Enraciné dans une tradition séculaire, ce rituel implique la préparation et la consommation de kava, une boisson légèrement narcotique à base de racines de la plante kava. La cérémonie est un symbole de lien et de respect communautaire, les habitants et les visiteurs participant au rituel en signe d'unité. L'arôme terreux du kava flotte dans l'air à mesure que les participants partagent l'expérience, créant un sentiment de camaraderie qui transcende les frontières culturelles.

Le meke, une danse traditionnelle fidjienne, est une autre expression poignante de l'identité culturelle du pays. Plus qu'une simple performance, le meke est un récit vivant, chaque mouvement et rythme racontant des histoires de l'histoire, des légendes et de la vie quotidienne des Fidji. Ces danses captivantes ne sont pas seulement une source de divertissement mais aussi un moyen de préserver et de transmettre les contes qui définissent le peuple fidjien. Alors que les danseurs se balancent et virevoltent dans des costumes vibrants, ils invitent les spectateurs à s'immerger dans le patrimoine culturel des Fidji, favorisant ainsi une connexion qui transcende la langue.

L'expression artistique aux Fidji s'étend au-delà de la danse pour inclure un artisanat magistral qui met en valeur les compétences artistiques inégalées transmises de génération en génération. Le tissu tapa, aux motifs complexes et fabriqué à partir de l'écorce interne du mûrier, est un artisanat traditionnel qui raconte des histoires à travers sa conception. Chaque morceau de tissu tapa témoigne du savoir-faire des artisans fidjiens, reflétant un mélange harmonieux de motifs culturels. Les sculptures sur bois, une autre forme vénérée de l'art fidjien, mettent en valeur un savoir-faire détaillé sous la forme de masques, de statues et d'objets du quotidien. Ces expressions tangibles de la culture servent non seulement de souvenirs captivants aux visiteurs, mais contribuent également à la préservation du riche héritage artistique des Fidji.

Ce qui rend le paysage culturel des Fidji vraiment distinctif est la coexistence harmonieuse des traditions autochtones fidjiennes et de la culture indo-fidjienne introduite par les descendants des travailleurs sous contrat. Cette fusion culturelle est évidente dans toutes les facettes de la vie fidjienne, de la langue et de la cuisine aux pratiques religieuses et coutumes sociales. Les festivals offrent une plateforme dynamique pour célébrer cette diversité, avec des événements comme Diwali et Holi se mêlant parfaitement aux célébrations traditionnelles fidjiennes. Le Festival des couleurs, connu sous le nom de Holi, transforme les rues fidjiennes en spectacles vibrants de joie, tandis que Diwali illumine les maisons de lumières, symbolisant le triomphe de la lumière sur l'obscurité. Ces festivals, partagés et célébrés par des Fidjiens d'horizons différents, soulignent l'unité dans la diversité qui définit la nation.

Informations pratiques : visa, monnaie et étiquette locale

Embarquer pour un voyage aux Fidji implique bien plus que simplement réserver des vols et des hébergements ; cela nécessite une compréhension globale des aspects pratiques qui contribuent à une expérience de voyage fluide et agréable. Dans cette section, nous abordons les subtilités des exigences de visa, les considérations monétaires et les nuances de l'étiquette locale, garantissant que les voyageurs peuvent naviguer aux Fidji en toute confiance et avec sensibilité culturelle. Nécessité de visa:

Les Fidji, à bras ouverts, accueillent les visiteurs de nombreux pays sans nécessité d'obtenir un visa pour des séjours allant jusqu'à quatre mois. Cette politique indulgente favorise un environnement convivial pour les voyageurs, permettant aux individus d'explorer facilement l'archipel. Cependant, les spécificités des exigences en matière de visa peuvent varier en fonction de la nationalité, ce qui souligne l'importance des recherches préalables au voyage. Les voyageurs doivent consulter les sites Web officiels du gouvernement ou contacter l'ambassade fidjienne la plus proche pour s'assurer qu'ils répondent aux critères d'entrée. Pour ceux qui recherchent un séjour plus prolongé, les Fidji autorisent des prolongations au-delà de la période initiale de quatre mois, ajoutant ainsi de la flexibilité à ceux qui souhaitent s'immerger plus profondément dans le mode de vie fidjien.

Le processus de visa nécessite une attention particulière aux détails et les voyageurs doivent être préparés avec les documents nécessaires, y compris un passeport valide et toutes les exigences supplémentaires spécifiques à leur nationalité. Il est conseillé de lancer ce processus bien avant la date prévue du voyage afin de tenir compte de tout retard imprévu. Cette compréhension approfondie des exigences en matière de visa permet aux voyageurs d'aborder leur aventure fidjienne en toute confiance, sachant qu'ils ont rempli les procédures d'entrée nécessaires.

Devise:

Une considération pratique pour tout voyageur aux Fidji implique de comprendre le paysage monétaire. Le dollar fidjien (FJD) fait office de monnaie officielle et les voyageurs sont encouragés à emporter de l'argent liquide, en particulier lorsqu'ils s'aventurent dans des régions plus reculées où les transactions électroniques peuvent être limitées. Les cartes de crédit sont largement acceptées dans les centres urbains et les destinations touristiques établies, offrant un moyen de paiement pratique pour divers services.

Pour garantir une flexibilité financière pendant le voyage, les voyageurs peuvent utiliser les nombreux guichets automatiques disponibles dans les principales villes des Fidji. Ces guichets automatiques distribuent des dollars fidjiens, permettant aux visiteurs de retirer de l'argent selon leurs besoins. Il est conseillé d'informer les banques de vos projets de voyage afin d'éviter tout problème potentiel lié aux transactions par carte. De plus, le fait d'avoir sur soi un mélange d'espèces et de cartes prépare les voyageurs à un large éventail de scénarios, des petits marchés locaux aux établissements de restauration haut de gamme.

Comprendre la monnaie locale facilite non seulement les transactions, mais contribue également à une expérience globale plus fluide. Les voyageurs peuvent se tenir au courant des taux de change pour prendre des décisions financières éclairées pendant leur séjour. Ces connaissances pratiques garantissent que l'aspect financier du voyage s'aligne parfaitement avec la nature exploratoire de l'aventure fidjienne.

Étiquette locale :

Lorsque les voyageurs pénètrent sur le sol fidjien, le respect de l'étiquette locale devient un aspect clé de leur voyage. Les Fidjiens sont réputés pour leur chaleur et leur convivialité, et la reconnaissance de ces normes culturelles améliore l'expérience de voyage. La salutation fidjienne emblématique, « Bula ! » signifiant bonjour ou bienvenue, donne le ton des rencontres amicales dans tout l'archipel. Cette salutation simple mais puissante reflète l'esprit d'hospitalité qui imprègne la culture fidjienne.

Le respect des coutumes locales fait partie intégrante de la promotion d'interactions positives. En entrant dans les maisons ou les espaces traditionnels, il est de coutume de retirer son chapeau en signe de respect. Ce geste symbolise une compréhension et une appréciation du mode de vie local. Une tenue modeste est appréciée, notamment lors de la visite de villages ou de sites religieux. Couvrir les épaules et les genoux est une pratique courante qui correspond aux normes culturelles fidjiennes.

En plus de ces étiquettes générales, les voyageurs sont encouragés à adopter la conscience environnementale qui prévaut aux Fidji. Le respect de l'écosystème local et la participation à des initiatives de conservation sont des éléments essentiels d'un tourisme responsable. Éviter les déchets, réduire la consommation de plastique à usage unique et soutenir les activités respectueuses de l'environnement contribuent à la préservation de la beauté naturelle des Fidji.

Apprendre quelques phrases de base en fidjien ajoute une touche personnelle aux interactions avec les locaux. Des expressions telles que « Vinaka » pour remercier ou « Moce » pour dire au revoir trouvent un écho auprès du peuple fidjien, démontrant un véritable intérêt pour sa langue et sa culture. Cet échange culturel crée des liens significatifs et favorise un sentiment de camaraderie entre les visiteurs et la communauté locale.

Chapitre 2

PLANIFIER VOTRE VOYAGE À FIDJI

Lorsque vous partez en voyage aux Fidji, la perspective est passionnante et une planification minutieuse devient la boussole qui guide les voyageurs à travers la myriade d'opportunités et de nuances de cette destination enchanteresse. Ce chapitre constitue un guide indispensable, éclairant le chemin pour ceux qui souhaitent profiter au maximum de leur séjour aux Fidji. L'importance d'une planification méticuleuse devient évidente dès le départ, car le choix du moment optimal pour visiter jette les bases d'une expérience mémorable. Les variations saisonnières aux Fidji influencent considérablement le type d'activités disponibles, chaque saison offrant son charme unique. Que l'on recherche les conditions ensoleillées et sèches de la haute saison pour des aventures aquatiques ou les paysages plus économiques et luxuriants de la saison intermédiaire, comprendre les nuances saisonnières des Fidji devient un élément clé dans l'élaboration d'un itinéraire aligné sur les préférences personnelles.

Les considérations budgétaires constituent une autre facette cruciale de la planification d'un voyage, et ce chapitre dévoile méticuleusement les différents aspects financiers associés à une aventure fidjienne. La gamme diversifiée d'options d'hébergement, des complexes hôteliers de luxe aux auberges économiques, répond aux différentes préférences financières, permettant aux voyageurs d'organiser une expérience qui correspond à leurs contraintes budgétaires. L'exploration du paysage culinaire, depuis les restaurants haut de gamme jusqu'à la dégustation de plats de rue locaux, ajoute une autre dimension aux considérations budgétaires, permettant aux voyageurs de trouver un équilibre entre gourmandise et rentabilité.

Les conseils de transport améliorent encore le processus de planification, offrant des informations pour se rendre facilement aux Fidji et naviguer efficacement dans ses îles. En dotant les voyageurs de connaissances sur les points d'entrée, les vols intérieurs, le transport fluvial et les modes de transport traditionnels, ce chapitre garantit que chaque étape du voyage contribue à une aventure fidjienne inoubliable. Essentiellement, une planification méticuleuse devient la clé qui ouvre les trésors des Fidji, transformant un voyage en une exploration bien préparée et enrichissante de ce paradis du Pacifique.

Meilleur moment pour visiter : naviguer dans les saisons des Fidji

Les Fidji, avec leur kaléidoscope d'îles dispersées dans le Pacifique Sud, attirent les voyageurs avec la promesse d'un bonheur tropical toute l'année. Comprendre les subtilités des saisons aux Fidji est primordial pour créer une expérience inoubliable, car chaque saison dévoile son charme unique, offrant une gamme de possibilités d'exploration, de détente et d'immersion culturelle.

La haute saison, qui s'étend de juillet à septembre, constitue le summum de la perfection météorologique des Fidji. Durant ces mois, l'archipel bénéficie de journées sèches et ensoleillées, créant un cadre idyllique pour les amateurs de plein air et les aventuriers aquatiques. Les eaux cristallines de cette période en font une période idéale pour la plongée en apnée, la plongée et la voile, permettant aux voyageurs d'observer la vie marine vibrante des Fidji dans toute sa splendeur. Les températures agréables, associées à des précipitations minimes, renforcent l'attrait d'explorer les paysages luxuriants et de pratiquer diverses activités, de la randonnée aux excursions culturelles.

Alors que le calendrier se rapproche d'octobre et de novembre, les Fidji subissent une transition douce vers la saison des pluies, marquant ce que l'on appelle souvent la « saison intermédiaire ». Durant cette période, des averses occasionnelles ponctuent le paysage, transformant les Fidji en un paradis luxuriant à la verdure verdoyante. La saison intermédiaire offre non seulement aux voyageurs un festin visuel de l'abondance de la nature, mais offre également un avantage distinct. Les prix de l'hébergement baissent pendant cette période, offrant aux voyageurs soucieux de leur budget la possibilité de découvrir la beauté des Fidji sans se ruiner. La combinaison de coûts réduits et de conditions météorologiques toujours favorables fait de la saison intermédiaire un compromis intéressant, offrant un équilibre entre prix abordable et expérience tropicale délicieuse.

Pour ceux qui recherchent une escapade plus économique, la basse saison s'étend de décembre à avril, caractérisée par des tempêtes tropicales, une humidité accrue et des cyclones occasionnels. Même si cette période introduit un rythme différent dans le climat des Fidji, elle entraîne également une réduction de la fréquentation et des réductions substantielles sur l'hébergement et les activités. La basse saison est le moment idéal pour les voyageurs d'explorer les merveilles des Fidji sans les foules animées, ce qui permet une expérience plus intime et tranquille. Malgré la probabilité accrue de pluie, les tempêtes tropicales ont tendance à être de courte durée, entrecoupées de moments de soleil radieux qui projettent une lueur magique sur les îles.

Il est essentiel de noter que la diversité des microclimats des Fidji contribue aux variations régionales des conditions météorologiques. Les îles du nord, comme Vanua Levu, peuvent connaître des conditions météorologiques différentes de celles des îles du sud, comme Kadavu. Par conséquent, les prévisions météorologiques localisées et adaptées aux destinations spécifiques prévues deviennent indispensables pour un itinéraire de voyage bien informé. Cette diversité régionale ajoute une couche supplémentaire de richesse à l'expérience fidjienne, invitant les voyageurs à explorer les paysages contrastés et les nuances culturelles de l'archipel.

Au-delà du jeu de la météo et des saisons, le calendrier culturel dynamique des Fidji ajoute une couche convaincante à la meilleure période pour visiter. Le festival Bula, organisé en juillet, témoigne de la chaleur et de l'hospitalité fidjiennes, réunissant les communautés dans une célébration. Le mois d'août accueille le festival Hibiscus, une vitrine de la culture, de la musique et de la danse fidjiennes. Ces festivals offrent une toile de fond captivante pour l'immersion culturelle, permettant aux voyageurs d'assister à des cérémonies traditionnelles, de participer aux festivités locales et de tisser des liens avec le cœur des Fidji. Les voyageurs qui planifient leur visite pour coïncider avec ces événements sont non seulement témoins de la splendeur naturelle des îles, mais font également partie de la tapisserie vivante des traditions fidjiennes.

Budgétisation pour le bonheur : considérations relatives aux coûts

Planifier un voyage aux Fidji implique non seulement de sélectionner les dates et les destinations, mais également de considérer méticuleusement les aspects financiers qui contribuent à une expérience de voyage complète et agréable. La budgétisation devient une boussole essentielle, guidant les voyageurs à travers les divers paysages financiers que les Fidji ont à offrir. Dans cette section, nous plongeons dans le monde nuancé des considérations de coûts, en disséquant les éléments d'hébergement, de restauration, de transport et d'activités qui façonnent collectivement le cadre financier d'une aventure fidjienne.

Hébergement:

Les Fidji, avec leurs paysages et leurs offres touristiques variées, accueillent un large éventail de voyageurs ayant des préférences financières diverses. Au sommet du luxe se trouvent les complexes hôteliers haut de gamme, souvent nichés sur des îles privées, où les clients peuvent profiter d'une opulence sans précédent et de commodités exclusives. Ces complexes proposent des bungalows sur pilotis, des piscines privées et des services personnalisés, créant une oasis de sérénité pour ceux qui recherchent la quintessence du luxe fidjien.

À l'autre extrémité du spectre se trouvent des hébergements adaptés aux voyageurs soucieux de leur budget. Les auberges et maisons d'hôtes sur les îles principales proposent des options abordables sans compromettre le confort. Ces établissements, souvent tenus par des locaux, offrent la possibilité de s'immerger dans le mode de vie fidjien tout en maîtrisant les dépenses. L'atmosphère communautaire dans les auberges encourage les interactions sociales, favorisant un sentiment de camaraderie entre les autres voyageurs.

Pour ceux qui recherchent un juste milieu, les hébergements de milieu de gamme présentent un mélange harmonieux de confort et de rentabilité. Ces options incluent des hôtels de charme, des complexes hôteliers en bord de mer et des lodges respectueux de l'environnement. Établissant un équilibre entre luxe et prix abordable, les hébergements de milieu de gamme offrent un large éventail de choix pour répondre aux préférences de chaque voyageur. Ce chapitre sert de guide, offrant un aperçu des diverses options d'hébergement proposées par Fidji, permettant aux voyageurs d'adapter leur séjour à leur zone de confort financier.

Frais de repas :

Les expériences culinaires aux Fidji sont aussi diverses que les paysages qui composent l'archipel. Le coût des repas peut fluctuer considérablement en fonction des préférences et des choix. Les complexes hôteliers haut de gamme disposent souvent d'établissements gastronomiques mettant l'accent sur une cuisine exquise et des vues panoramiques. Bien que se livrer à un repas dans un complexe constitue un voyage culinaire en soi, il s'accompagne d'un prix plus élevé, reflétant la qualité supérieure des ingrédients et l'expérience culinaire globale.

Pour les voyageurs soucieux de leur budget, l'exploration des marchés et des restaurants locaux offre une approche économiquement plus durable de la restauration. La cuisine de rue fidjienne, en particulier, constitue une option authentique et délicieuse pour ceux qui recherchent des saveurs locales sans grever leur budget. Des repas copieux de fruits de mer frais et de fruits tropicaux aux plats traditionnels fidjiens, la scène culinaire locale devient une exploration de goûts et d'arômes qui ne vous ruinera pas.

Aux Fidji, les expériences culinaires s'étendent au-delà des restaurants traditionnels pour englober la fête communautaire fidjienne connue sous le nom de « lovo ». Cette aventure culinaire culturelle implique des plats cuits sous terre, offrant une expérience culinaire unique et mémorable. Bien que certains forfaits de villégiature puissent inclure des fêtes de lovo, les voyageurs peuvent également trouver des événements locaux ou des célébrations de village où ils peuvent participer à cette fête traditionnelle, souvent à un coût plus abordable.

Les coûts de transport:

Naviguer dans les îles Fidji implique de prendre en compte les coûts de transport, qui varient en fonction du mode de déplacement choisi. Les vols intérieurs offrent un moyen rapide et efficace d'explorer différentes régions, même s'ils entraînent des dépenses supplémentaires potentielles. Même si les vols entre îles peuvent entraîner des frais, ils offrent des vues aériennes inégalées sur les magnifiques paysages des Fidji et la commodité de voyager rapidement entre diverses destinations.

Pour un voyage plus tranquille et plus pittoresque, les ferries et les bateaux-taxis constituent un moyen rentable de parcourir les îles. Ces modes de transport offrent non seulement des vues imprenables sur l'océan Pacifique, mais permettent également aux voyageurs de découvrir le charme des eaux fidjiennes. En prenant en compte les horaires des ferries et en planifiant à l'avance les itinéraires d'île en île, les voyageurs peuvent optimiser ce mode de transport à la fois pour la rentabilité et pour le plaisir des paysages.

Sur les îles principales de Viti Levu et Vanua Levu, les voitures de location et les bus publics s'adressent aux voyageurs indépendants en quête de flexibilité dans leur exploration. Les voitures de location offrent la liberté de parcourir les îles à votre rythme, en explorant des destinations hors des sentiers battus. Les bus publics, en revanche, offrent une option abordable pour ceux qui souhaitent découvrir la culture locale et interagir avec les communautés fidjiennes au cours de leur voyage.

S'engager dans des modes de transport traditionnels peut ajouter une dimension culturelle au voyage. Les trains en bambou, connus localement sous le nom de « draisines », offrent une balade unique et nostalgique à travers les paysages de Viti Levu. De plus, l'équitation et la location de vélos offrent d'autres moyens d'explorer les îles à un rythme tranquille, permettant aux voyageurs de s'intégrer à l'environnement et à la culture locales.

Activités et Excursions:

Même si certaines activités et excursions aux Fidji peuvent entraîner des coûts, l'archipel offre une multitude d'options économiques qui permettent aux voyageurs de savourer sa beauté naturelle sans se ruiner. Les visites guidées de plongée en apnée, les croisières d'île en île et les expériences culturelles peuvent avoir des coûts, mais elles offrent souvent des rencontres enrichissantes et mémorables.

Pour les voyageurs soucieux de leur budget, il existe de nombreuses activités gratuites ou à faible coût qui mettent en valeur la diversité des paysages des Fidji. Faire de la randonnée à travers les forêts tropicales luxuriantes, explorer les marchés locaux et profiter des plages immaculées font partie des options qui permettent aux voyageurs de s'immerger dans la beauté naturelle des Fidji sans engager de dépenses importantes. Ces activités offrent non seulement une alternative économique, mais créent également des opportunités d'expériences culturelles authentiques et d'interactions avec les communautés locales.

Conseils de transport : entrer, se déplacer et au-delà des Fidji

Naviguer sur le réseau de transport aux Fidji fait partie intégrante de l'expérience de voyage, exigeant une approche stratégique pour optimiser le temps de trajet et amplifier l'aventure globale. Cette section complète éclaire le voyage depuis le moment où les voyageurs internationaux montent sur le tarmac de l'aéroport international de Nadi, la principale porte d'entrée des Fidji, jusqu'à l'exploration des confins de cet archipel captivant.

Rentrer dans:

L'aéroport international de Nadi, niché sur l'île principale de Viti Levu, constitue la porte d'entrée animée des Fidji pour les voyageurs internationaux. Une myriade de compagnies aériennes relient les Fidji aux grandes villes du monde, offrant ainsi une multitude d'options de vol aux visiteurs enthousiastes. L'emplacement stratégique de Nadi en tant que plaque tournante régionale garantit des vols fréquents et accessibles, ce qui permet aux voyageurs de planifier relativement facilement leurs arrivées et leurs départs.

La planification stratégique entre en jeu lors de la sécurisation des vols, en particulier compte tenu de la nature fluctuante des prix des billets, qui peuvent varier considérablement en fonction du moment de la réservation et de la saison du voyage. Les réservations à l'avance offrent non seulement l'avantage de prix potentiellement inférieurs, mais garantissent également des dates de voyage privilégiées, cruciales pendant les hautes saisons, lorsque la demande de vols augmente. La sélection méticuleuse des options de vol permet aux voyageurs d'adapter leurs itinéraires, en équilibrant commodité, rentabilité et préférences personnelles.

Se déplacer :

Une fois à l'intérieur des côtes des Fidji, la multitude d'options de transport ouvre un champ de possibilités pour explorer ses diverses îles. Les vols intérieurs fonctionnent efficacement, reliant les principales îles et offrant un moyen rapide de traverser l'archipel. Ce mode de transport est particulièrement avantageux pour ceux qui souhaitent explorer différentes régions des Fidji, car il réduit le temps de trajet et maximise le temps passé à profiter des riches offres de chaque île.

Pour ceux qui recherchent un voyage plus détendu et plus pittoresque, les ferries et les bateaux-taxis naviguent gracieusement sur les eaux cristallines, offrant des vues enchanteresses sur l'océan Pacifique et l'archipel environnant. Voyager d'île en île devient une expérience poétique, les voyageurs s'imprégnant de la beauté des paysages fidjiens depuis les ponts de ces navires. Qu'il s'agisse d'un vol intérieur ou d'une croisière douce entre les îles, chaque mode de transport devient partie intégrante du récit fidjien, contribuant à la tapisserie aux multiples facettes du voyage.

Naviguer sur les îles principales de Viti Levu et Vanua Levu implique un large éventail d'options. Les voitures de location offrent la flexibilité nécessaire à une exploration indépendante, permettant aux voyageurs de se faufiler à travers des paysages pittoresques à leur propre rythme. Les taxis, pratiques pour les déplacements de point à point, sont facilement disponibles et constituent une option sans stress pour ceux qui ne souhaitent pas conduire. Les bus publics, un choix économique, offrent une occasion unique de s'immerger dans le mode de vie local, d'interagir avec les Fidjiens pendant le voyage et d'acquérir un aperçu des rythmes quotidiens des îles.

Pour une expérience plus immersive et authentique, les voyageurs peuvent adopter les modes de transport traditionnels. Les trains en bambou emblématiques, affectueusement surnommés « draisines », traversent les paysages pittoresques de Viti Levu, offrant un voyage unique qui rappelle une époque révolue. De plus, l'équitation et la location de vélos offrent d'autres moyens d'explorer les îles, permettant aux voyageurs de s'immerger intimement dans la beauté naturelle des Fidji.

Explorer au-delà :

L'attrait des Fidji s'étend au-delà de ses îles principales, invitant les aventuriers à explorer les sentiers les moins fréquentés et à découvrir des joyaux cachés. Taveuni, bien nommée « l'île-jardin », attire avec ses forêts tropicales luxuriantes et ses cascades à couper le souffle. Accessible par les vols intérieurs, ce havre de verdure promet une évasion immersive dans la nature, où une biodiversité vibrante et des paysages sereins créent un sanctuaire pour l'exploration.

Les îles Yasawa et Mamanuca, réputées pour leurs plages immaculées et leurs récifs coralliens vibrants, offrent des retraites tranquilles accessibles par ferry ou par bateau. À mesure que les voyageurs s'aventurent au-delà des îles principales, la planification stratégique devient essentielle, en particulier lorsqu'il s'agit d'itinéraires moins fréquents. Les réservations à l'avance pour les vols et les ferries deviennent recommandées, agissant comme une protection contre d'éventuels conflits d'horaire et garantissant des horaires privilégiés, en particulier pendant les hautes saisons de voyage.

Chapitre 3

OÙ SÉJOURER À FIDJI

Nichées au cœur du Pacifique Sud, les Fidji constituent un havre tropical, captivant les visiteurs par leur beauté naturelle inégalée. Doté de plages immaculées et de paysages luxuriants, l'archipel est une tapisserie de récifs coralliens vibrants, d'eaux azur et de collines verdoyantes. Dans ce contexte à couper le souffle, les Fidji attirent les voyageurs avec une myriade d'options d'hébergement, chacune promettant un coin de paradis unique. Dès l'instant où l'on pose le pied sur cet archipel enchanteur, les possibilités d'un séjour idyllique se dévoilent, invitant à l'exploration dans un royaume où luxe, charme et authenticité s'entremêlent harmonieusement.

Alors que les voyageurs entreprennent leur voyage aux Fidji, le paysage de l'hébergement se dévoile comme une carte au trésor, révélant diverses options répondant à tous les goûts et préférences. Les luxueuses retraites insulaires redéfinissent l'opulence, offrant des bungalows sur pilotis et des services personnalisés qui plongent les clients dans un confort inégalé. De charmants hôtels-boutiques, nichés sur fond de lagons turquoise, offrent une évasion intime à ceux qui recherchent une expérience plus personnalisée et élégante. Pendant ce temps, les séjours chez l'habitant respectueux de l'environnement offrent aux visiteurs un point de vue privilégié sur la vie fidjienne, favorisant de véritables liens avec la communauté locale et préservant l'équilibre délicat entre tourisme et conservation de l'environnement. Ce chapitre sert de guide pour naviguer dans cette riche tapisserie, aidant les voyageurs à choisir un hébergement qui correspond à leurs désirs, garantissant une exploration authentique et mémorable des Fidji dans sa forme la plus vraie.

Retraites insulaires : choisir le bon hébergement

Les Fidji, joyau du Pacifique Sud, attirent les voyageurs par leur beauté captivante et leur gamme d'options d'hébergement qui répondent à diverses préférences. Dans cette section, nous plongeons dans le monde enchanteur des retraites insulaires, où les choix sont aussi variés que l'archipel lui-même. Des complexes hôteliers opulents qui redéfinissent le luxe aux séjours traditionnels fidjiens offrant un lien authentique avec la culture locale, les retraites insulaires des Fidji promettent un paradis personnalisé à chaque voyageur.

Havres de villégiature :

Incarnation du luxe, les complexes hôteliers de renommée mondiale des Fidji redéfinissent l'opulence, ouvrant la voie à une escapade tropicale sans précédent. Turtle Island Resort, niché dans les îles Yasawa, est un phare d'exclusivité. Accessible uniquement par hydravion ou par bateau, le complexe propose un nombre limité de villas privées, garantissant un environnement intime et serein. Likuliku Lagoon Resort, situé dans les îles Mamanuca, vous invite à séjourner dans des bungalows sur pilotis offrant un accès direct au lagon aux eaux cristallines. Pendant ce temps, les îles privées de Vatuvara, un joyau caché du nord du groupe Lau, offrent un refuge à ceux qui recherchent l'isolement, avec seulement trois villas luxueuses offrant une expérience insulaire véritablement privée. Ces complexes proposent non seulement des hébergements somptueux, mais également des services personnalisés, allant des piscines privées aux services de conciergerie dédiés, s'adressant aux voyageurs exigeants à la recherche du summum de l'indulgence.

Complexes hôteliers familiaux :

Les Fidji accueillent chaleureusement les familles, avec des complexes hôteliers conçus pour répondre aux besoins uniques de tous leurs membres. L'Outrigger Fiji

Beach Resort, situé sur la Côte de Corail, se distingue comme un havre de paix familial. Ses hébergements spacieux, comprenant des chambres et des suites communicantes, offrent suffisamment d'espace aux familles pour se détendre. Le club pour enfants Little Riggers du complexe propose une multitude d'activités intéressantes pour les enfants, permettant aux parents de se détendre pendant que leurs petits se lancent dans des aventures fidjiennes. De même, le Fijian Resort & Spa de Shangri-La, niché le long de la Côte de Corail, est un paradis pour les familles avec ses vastes terrains et ses diverses activités récréatives. Bénéficiant d'un centre d'éducation marine et d'une gamme de sports nautiques, ce complexe garantit que chaque membre de la famille trouve joie et détente dans le magnifique décor fidjien.

Resorts insulaires pour les amateurs d'aventure :

Pour ceux qui ont un esprit d'aventure, les stations balnéaires des îles Fidji offrent un mélange parfait de sensations fortes et de luxe. Matangi Private Island Resort, situé dans le nord du groupe Lau, invite les amateurs d'aventure à explorer ses sites de plongée privés et à se lancer dans des excursions guidées dans la nature. Les bures sur pilotis et en bord de mer du complexe offrent un sanctuaire parfait après une journée d'activités pleines d'adrénaline. Le Nanuku Auberge Resort, niché dans le port du Pacifique de Viti Levu, s'adresse aux amateurs d'aventure avec sa gamme de sports nautiques, notamment le paddleboard et le jet-ski.

Les villas et suites privées du complexe offrent un refuge luxueux, permettant aux clients de se détendre et de se ressourcer après une journée remplie d'émotions. Ces stations balnéaires insulaires offrent non seulement un refuge aux amateurs de sensations fortes, mais intègrent également parfaitement l'aventure dans le tissu d'une escapade luxueuse aux Fidji.

Séjours Bure Traditionnels :

Pour ceux qui recherchent une expérience plus authentique et culturellement immersive, les séjours traditionnels fidjiens en bure offrent un véritable lien avec le mode de vie local. Navutu Stars Resort, situé dans les îles Yasawa, adopte le concept traditionnel du bure fidjien avec ses cottages au toit de chaume surplombant la plage immaculée. Les clients sont invités à participer à des cérémonies traditionnelles, à participer à des cours de cuisine fidjienne et à profiter de la chaleur de l'hospitalité fidjienne. De même, le Nanuya Island Resort, dans les îles Yasawa, combine des bures traditionnelles avec des équipements modernes, offrant un mélange unique d'authenticité et de confort. Séjourner dans un bure traditionnel permet aux clients non seulement d'apprécier le patrimoine architectural des

Fidji, mais également de se plonger dans la riche tapisserie culturelle qui définit cette nation insulaire enchanteresse.

Trésors cachés : hôtels de charme et séjours écologiques

Au royaume de l'hospitalité fidjienne, où les eaux azur rencontrent les paysages luxuriants, une niche particulière attend ceux qui recherchent une évasion intime et durable. Le chapitre 3.2 plonge dans le monde des joyaux cachés, explorant les hôtels-boutiques et les séjours respectueux de l'environnement qui redéfinissent les paradigmes du luxe et de la durabilité au cœur de la beauté captivante des Fidji.

Hôtels de charme : dévoilement des paradis précieux des Fidji

Les hôtels-boutiques des Fidji, souvent nichés discrètement sur fond de lagons turquoise ou nichés dans des collines verdoyantes, apparaissent comme des joyaux cachés qui attendent d'être découverts par les voyageurs exigeants. Le Tropica Island Resort, situé sur l'île de Malolo, incarne le charme de ces petits établissements personnalisés. Ici, les clients sont accueillis dans des hébergements élégants parfaitement intégrés à l'environnement naturel. Le complexe propose des villas en bord de mer avec piscines privées, créant une ambiance intime qui invite à la détente et au rajeunissement.

Un autre joyau de la collection de boutiques des Fidji est le Qamea Resort and Spa, situé sur l'île immaculée de Qamea. Cette retraite isolée promet une expérience exclusive avec seulement une poignée de bures et de villas en bord de mer. Chaque hébergement est décoré avec goût avec une décoration d'inspiration fidjienne, offrant une touche authentique au cadre luxueux. L'engagement du complexe en faveur d'un service personnalisé garantit que les clients ne se sentent pas seulement comme des visiteurs mais comme des membres précieux d'un refuge fidjien exclusif. L'ambiance tranquille, combinée à des jardins tropicaux luxuriants et à des vues panoramiques sur l'océan, fait du Qamea Resort and Spa un refuge parfait pour ceux qui recherchent une escapade romantique et sur mesure.

Les hôtels-boutiques aux Fidji, avec leur nombre limité de chambres et leur approche personnalisée, ouvrent la voie à une expérience véritablement immersive. Qu'ils soient nichés dans des jardins de corail vibrants ou perchés sur une colline surplombant le Pacifique, ces établissements répondent aux désirs des voyageurs qui recherchent plus qu'un simple hébergement : ils offrent un rendez-vous intime avec l'âme des Fidji.

Retraites respectueuses de l'environnement : adopter le luxe durable

Dans un monde de plus en plus sensible aux préoccupations environnementales, l'engagement des Fidji en faveur du voyage durable se manifeste dans ses complexes hôteliers respectueux de l'environnement. Parmi ceux-ci, le Jean-Michel Cousteau Resort apparaît comme un phare de l'éco-luxe, où préservation de la nature et gourmandise se conjuguent harmonieusement. Situé dans le contexte de Vanua Levu, ce complexe, fondé par la famille du célèbre océanographe, allie luxe et gestion de l'environnement.

Au Jean-Michel Cousteau Resort, les invités ne sont pas de simples observateurs mais des participants actifs au récit de la conservation. L'engagement du complexe en faveur des économies d'énergie est évident dans son utilisation de l'énergie solaire et de systèmes économes en énergie. De plus, la protection des délicats récifs coralliens des Fidji est une préoccupation majeure et le complexe s'engage activement dans des initiatives de plantation de coraux. Les visiteurs peuvent participer à des expériences guidées de plongée en apnée, acquérir un aperçu des écosystèmes marins fragiles et contribuer directement aux efforts de préservation.

Au-delà de la conservation de l'énergie et de la protection marine, les complexes hôteliers respectueux de l'environnement des Fidji intègrent des pratiques durables dans leurs opérations quotidiennes. L'utilisation d'ingrédients biologiques d'origine locale dans leurs restaurants soutient non seulement les agriculteurs locaux, mais offre également aux clients un voyage culinaire à travers les saveurs fidjiennes. L'accent mis sur la réduction des déchets, les programmes de recyclage et l'engagement communautaire renforcent encore la position de ces stations en tant que pionnières du tourisme durable.

Au-delà du Jean-Michel Cousteau Resort, d'autres séjours respectueux de l'environnement aux Fidji, tels que Dolphin Island et Laucala Island Resort, défendent la conscience environnementale sans compromettre le luxe. La nature isolée de ces retraites permet aux clients de renouer avec la nature tout en sachant que leur séjour contribue positivement à la préservation des écosystèmes uniques des Fidji.

Séjours chez l'habitant et expériences authentiques : une passerelle vers la culture fidjienne

Pour les voyageurs aspirant à une immersion authentique dans la culture fidjienne, les séjours chez l'habitant offrent un portail vers le cœur de ce paradis du Pacifique. Bien au-delà des murs des hébergements traditionnels, les séjours chez l'habitant offrent la possibilité de nouer des liens personnels avec la communauté locale.

Les îles Yasawa, un chapelet d'îles isolées et vierges, témoignent de l'engagement des Fidji à préserver leur patrimoine culturel. Ici, les familles d'accueil locales ouvrent leurs portes aux visiteurs, les invitant à partager la vie quotidienne des familles fidjiennes. Un séjour dans une bure fidjienne traditionnelle devient plus qu'un simple arrangement d'hébergement ; cela devient une opportunité de participer à la riche tapisserie des coutumes et traditions fidjiennes.

Dans les Yasawas, les invités peuvent être accueillis par une cérémonie traditionnelle du kava, un ancien rituel fidjien qui symbolise la communauté et l'unité. Les repas partagés offrent non seulement un avant-goût de la cuisine fidjienne, mais aussi une expérience commune où des histoires sont échangées, créant des liens durables. La simplicité des familles d'accueil amplifie l'authenticité de l'expérience, permettant aux visiteurs de s'immerger dans le cœur et l'âme des Fidji.

Au-delà des Yasawas, d'autres régions des Fidji, telles que Taveuni et Kadavu, adoptent également le concept de séjours chez l'habitant, garantissant ainsi que la chaleur de l'hospitalité fidjienne s'étend au-delà des centres touristiques populaires. Ces expériences authentiques, souvent facilitées par des opérateurs locaux et des voyagistes, constituent une porte d'entrée vers les véritables Fidji, où les paysages sont aussi accueillants que les habitants.

Guide de l'initié : familles d'accueil locales et expériences authentiques

Lorsque l'attrait des complexes hôteliers de luxe et des hôtels-boutiques s'estompe, le voyageur averti recherche un lien plus profond avec l'âme de la destination. Aux Fidji, le cœur de la culture fidjienne bat plus fort dans le domaine des familles d'accueil locales. Ce guide d'initiés ouvre les portes d'un monde où l'hospitalité n'est pas seulement un service mais un mode de vie, où les invités deviennent une famille et où l'authenticité règne en maître.

Familles d'accueil dans les villages :

S'aventurant au-delà des sentiers touristiques très fréquentés, les séjours chez l'habitant dans les villages des Fidji invitent les explorateurs à s'immerger au cœur de la culture fidjienne. Le village de Waiyevo à Taveuni et le village de Navala dans les hautes terres sont d'excellents exemples de communautés qui accueillent chaleureusement les visiteurs, offrant une expérience authentique qui transcende la rencontre touristique typique. En entrant dans ces villages, les hôtes ne sont pas traités comme de simples spectateurs mais comme des invités d'honneur, invités à participer au rythme de la vie quotidienne.

Dans le village de Waiyevo, situé sur l'île luxuriante de Taveuni, les visiteurs se retrouvent enveloppés dans la tapisserie vibrante des traditions fidjiennes. Les programmes de séjour chez l'habitant vont ici au-delà de la fourniture d'un abri ; ils ouvrent les portes des échanges culturels et des moments partagés. Les invités peuvent participer à des cérémonies traditionnelles telles que les cérémonies du kava, un rituel fidjien vénéré impliquant le partage d'une boisson légèrement enivrante à base de racine de kava. Cette immersion permet aux voyageurs non seulement d'être témoins, mais aussi de s'engager activement dans les coutumes qui définissent l'identité fidjienne.

De même, le village de Navala, niché dans les hauts plateaux de Viti Levu, offre un aperçu du patrimoine architectural et culturel des Fidji. Connue pour ses bures uniques au toit de chaume (maisons fidjiennes traditionnelles), Navala offre une expérience authentique chez l'habitant où les clients peuvent résider dans ces habitations traditionnelles, entourées par la beauté des paysages des hauts plateaux. Les villageois partagent leur mode de vie et invitent les visiteurs à participer aux activités quotidiennes, des expéditions de pêche aux séances de contes sous le ciel étoilé.

Participer à un séjour chez l'habitant dans un village approfondit non seulement la compréhension de la culture fidjienne, mais favorise également des liens significatifs. Les clients contribuent à la communauté locale en soutenant des initiatives de tourisme durable et, en retour, ils se voient offrir des souvenirs qui s'étendent bien au-delà des limites de vacances typiques.

Expériences culinaires authentiques:

Pour ceux qui croient que la meilleure façon de comprendre une culture passe par sa cuisine, les séjours chez l'habitant aux Fidji offrent un voyage culinaire immersif. Ici, manger ne consiste pas seulement à satisfaire la faim ; c'est une célébration de la tradition, de la communauté et des saveurs vibrantes des îles.

Les familles d'accueil présentent souvent aux clients des plats fidjiens traditionnels, préparés avec des ingrédients locaux qui capturent l'essence de la région. Le processus de préparation de ces repas devient une expérience commune, où les invités sont invités à se joindre à la cuisine, à éplucher le taro, à râper la noix de coco et à remuer des casseroles mijotant avec des épices aromatiques. Le cadre intime permet des conversations avec des hôtes qui partagent des histoires sur l'importance de chaque plat, offrant ainsi un récit culturel qui transcende l'assiette.

À Tavua, une ville située sur la côte nord de Viti Levu, les familles d'accueil mettent en valeur la riche diversité de la cuisine fidjienne. Ici, les invités peuvent participer à la préparation du kokoda, un ceviche traditionnel fidjien à base de poisson frais mariné dans de la crème de coco et des jus d'agrumes. Le repas est un délice sensoriel, incarnant les saveurs du Pacifique et les prouesses culinaires transmises de génération en génération.

Dans l'esprit de l'hospitalité fidjienne, il n'est pas rare que des hôtes organisent des fêtes communes où invités, villageois et hôtes se réunissent pour partager la joie d'une table copieuse. Ces rassemblements sont plus que des repas ; ce sont des expériences qui transcendent les goûts, ouvrant une fenêtre sur le cœur de la vie sociale fidjienne.

Ateliers artisanaux et culturels :

Pour véritablement apprécier la richesse culturelle des Fidji, il faut se plonger dans son patrimoine artisanal. Les familles d'accueil organisent souvent des ateliers culturels qui vont au-delà du superficiel, permettant aux clients de s'engager activement dans l'artisanat traditionnel et d'acquérir une expérience directe de la préservation de l'artisanat fidjien.

Dans le village de Korovou, sur l'île d'Ovalau, les invités peuvent se retrouver entourés de maîtres tisserands, leurs doigts agiles transformant des matériaux d'origine locale en nattes et paniers complexes. Participer à un atelier de tissage donne non seulement un aperçu du savoir-faire de l'artisanat fidjien, mais soutient également les artisans locaux qui s'appuient sur ces compétences pour soutenir leurs communautés.

Des ateliers de poterie dans des endroits comme Nausori Highlands invitent les visiteurs à mouler de l'argile pour en faire des récipients, apprenant ainsi les techniques transmises de génération en génération. L'expérience tactile permet un lien plus profond avec le patrimoine fidjien, à mesure que les créations prennent forme sous la direction d'artisans qualifiés.

La sculpture sur bois, partie intégrante de la culture fidjienne, est souvent présentée dans des ateliers où les invités peuvent s'essayer à la création de tampons masi traditionnels ou de bols tanoa. Ces expériences interactives préservent non seulement l'héritage de l'artisanat fidjien, mais offrent également aux clients des souvenirs tangibles imprégnés d'une signification culturelle.

En participant à ces ateliers, les voyageurs deviennent des contributeurs actifs à la préservation du patrimoine culturel fidjien. L'échange de connaissances, de compétences et d'histoires transcende la nature transactionnelle du tourisme, favorisant un sentiment d'identité partagée et une appréciation du talent artistique qui définit les îles.

Chapitre 4

EXPLORER LA CUISINE FIDJIENNE

Le paysage culinaire des Fidji est un témoignage captivant de la fusion culturelle et de la diversité géographique du pays. La fusion d'ingrédients indigènes fidjiens, d'épices indiennes introduites par les descendants de travailleurs sous contrat et de la générosité du Pacifique crée une symphonie de saveurs qui séduit les papilles gustatives de tout voyageur averti. Chaque bouchée raconte une histoire, préservant des traditions séculaires tout en embrassant les influences de la diaspora mondiale qui a façonné l'histoire des îles. La gastronomie locale n'est pas simplement une collection de plats ; c'est une expression de l'identité fidjienne, reflétant un mélange harmonieux d'histoire, de géographie et de chaleur du peuple fidjien.

Embarquer pour un voyage gastronomique à travers les délices culinaires des Fidji dévoile une myriade d'expériences uniques et savoureuses. De l'arôme terreux des viandes cuites au lovo sortant des fours souterrains à la fraîcheur piquante du Kokoda, un délice ceviche fidjien, chaque plat est une révélation. L'exploration culinaire ne se limite pas au seul goût ; cela s'étend à la palette vibrante de couleurs des marchés locaux et à la danse rythmée des saveurs lors d'une fête fidjienne. En plongeant dans ces merveilles culinaires, j'embrasse non seulement les ingrédients mais aussi l'essence de la vie fidjienne elle-même, célébrant l'interdépendance de la culture et de la cuisine qui définit le cœur et l'âme des Fidji.

L'exploration des marchés locaux en tant que lieux gourmands amplifie ce voyage, offrant une immersion sensorielle dans la vie quotidienne des Fidjiens. Ces pôles animés sont des microcosmes dynamiques de l'abondance agricole du pays. Au marché municipal de Suva, au cœur de la capitale, les étals regorgent de fruits tropicaux, d'épices parfumées et de produits locaux, offrant un régal pour les yeux et l'occasion de dialoguer avec les sympathiques vendeurs. Le marché de produits de Nadi et le marché de Sigatoka offrent des expériences régionales uniques, le premier présentant le meilleur des récoltes de Nadi et le second étant situé le long de la pittoresque côte de corail, proposant une gamme variée de fruits de mer et de collations artisanales. Naviguer sur ces marchés n'est pas seulement une expédition culinaire ; c'est une immersion culturelle, reliant les voyageurs au pouls de la vie fidjienne et aux saveurs qui la définissent.

Délices culinaires : un avant-goût des diverses saveurs des Fidji

La scène culinaire des Fidji est un mélange harmonieux d'ingrédients indigènes, d'épices indiennes et d'influences du Pacifique, créant une délicieuse fusion qui captive les sens. Pour véritablement s'immerger dans l'essence des Fidji, il faut se lancer dans une aventure culinaire qui dévoile les diverses saveurs propres à ces îles. Au cœur de la cuisine fidjienne se trouve une célébration des fruits de mer, où les richesses de l'océan se transforment en plats alléchants qui ornent les tables de tout l'archipel. Le mahi-mahi, le thon et une myriade de crustacés occupent le devant de la scène, offrant un avant-goût des eaux cristallines qui entourent ce paradis tropical.

Parmi les nombreuses traditions culinaires qui définissent la cuisine fidjienne, le Lovo se démarque comme une expérience symbolique et savoureuse. Le Lovo est une méthode de cuisson traditionnelle fidjienne qui consiste à faire mariner les viandes et les légumes dans un mélange d'herbes aromatiques et d'épices. Les ingrédients sont ensuite soigneusement enveloppés dans des feuilles de bananier, créant ainsi une parcelle naturelle qui conserve l'essence de chaque élément. Ce paquet savoureux est cuit lentement dans un four souterrain, conférant à la nourriture une saveur fumée et terreuse. Le Lovo ne représente pas seulement une technique culinaire mais sert également d'événement communautaire, rassemblant les gens pour participer à la préparation et à l'anticipation d'un festin partagé. L'arôme du Lovo flottant dans l'air est une invitation à savourer une expérience culinaire unique et délicieuse qui va au-delà du palais et atteint le cœur culturel des Fidji.

On ne peut pas explorer les délices culinaires fidjiens sans rencontrer le favori local, Kokoda. Ce plat incarne l'essence de la vie côtière fidjienne, avec du poisson cru mariné dans de la crème de noix de coco, du jus de citron vert et un mélange vibrant de légumes. Le résultat est une explosion de saveurs rafraîchissantes qui dansent sur les papilles gustatives, alliant la douceur de la noix de coco au piquant du citron vert. Kokoda met non seulement en valeur la maîtrise culinaire du peuple fidjien, mais reflète également le lien avec les ressources naturelles abondantes dans la région. En savourant ce plat, vous ne vous contentez pas de savourer un repas ; vous participez à un voyage sensoriel qui vous transporte dans les eaux azurées et les paysages luxuriants des Fidji.

Le Rourou, un curry aux feuilles de taro, témoigne de la riche générosité agricole des Fidji. Les feuilles de taro sont soigneusement cuites dans du lait de coco et un mélange harmonieux d'épices, ce qui donne une texture crémeuse avec une touche épicée. Ce plat végétarien est un incontournable des foyers fidjiens, soulignant l'importance des produits locaux dans les traditions culinaires. La consistance crémeuse du Rourou reflète la richesse des paysages des Fidji, créant un plat qui non seulement satisfait les papilles mais rend également hommage à l'abondance des îles. À travers le Rourou, on peut apprécier la simplicité et la sophistication inhérentes à la cuisine fidjienne, où chaque bouchée est un clin d'œil à la terre fertile qui fait vivre la nation.

Marchés locaux : naviguer dans les hotspots gastronomiques

Au cœur de l'exploration culinaire fidjienne se trouve un voyage enchanteur à travers les marchés locaux animés, qui constituent des portes d'entrée dynamiques vers le riche patrimoine agricole du pays. Ces marchés transcendent leur rôle de simples espaces d'approvisionnement en ingrédients ; ils émergent comme des centres culturels et communautaires palpitants, offrant un panorama kaléidoscopique de la vie quotidienne des Fidjiens.

Marché municipal de Suva : un kaléidoscope de couleurs et d'arômes

Situé au cœur de la capitale, le marché municipal de Suva apparaît comme un régal sensoriel pour ceux qui recherchent une immersion authentique dans la culture fidjienne. Ce marché animé, témoignage de l'énergie vibrante de Suva, est un kaléidoscope de couleurs et d'arômes qui résume l'essence de la vie quotidienne des Fidjiens. En vous promenant dans les étals animés, l'air s'imprègne du doux parfum des fruits tropicaux, du côté terreux des légumes-racines et du piquant des épices fraîchement moulues. Des gammes vibrantes d'ananas, de mangues et de papayes attirent par leurs teintes vives, tandis que le taro, le manioc et les ignames affichent la générosité du sol fertile des îles.

S'engager avec les sympathiques vendeurs devient un échange culturel en soi. Les conversations avec ces vendeurs, souvent avec des générations de traditions de marché derrière eux, donnent un aperçu de l'importance des divers ingrédients dans la cuisine fidjienne. L'atmosphère du marché vibre d'énergie alors que les habitants négocient habilement pour obtenir les produits les plus frais et que les vendeurs partagent avec passion les récits de leurs récoltes. Le marché municipal de Suva est plus qu'un simple marché ; c'est une toile vivante qui dresse un tableau vivant de la vie fidjienne, créant un pont entre les visiteurs et le cœur de l'identité culinaire de la nation.

Marché de produits de Nadi : un trésor de délices tropicaux

S'aventurer dans la ville animée de Nadi dévoile un autre joyau de la couronne culinaire des Fidji : le marché de produits de Nadi. Ce marché est un trésor de délices tropicaux, attirant les habitants et les visiteurs avec son abondance de fruits exotiques, d'épices aromatiques et une riche tapisserie de spécialités locales. Dès que vous entrez sur le marché, les couleurs vibrantes des fruits du dragon, des fruits de la passion et des goyaves se juxtaposent aux teintes vert foncé des herbes et des épices parfumées, créant une mosaïque invitante de saveurs et de parfums.

S'engager avec les sympathiques vendeurs devient une expérience sensorielle lorsque vous dégustez des produits fraîchement récoltés. Essayez la succulente douceur des ananas fidjiens, savourez la saveur exotique du corossol ou appréciez le piquant des piments locaux. Le marché de produits de Nadi ne consiste pas seulement à acheter des ingrédients ; c'est une exploration interactive de l'abondance agricole des îles. Les conversations avec les vendeurs révèlent des histoires de techniques de culture transmises de génération en génération, favorisant l'appréciation du lien profond entre les gens et la terre. Ce marché, vivant au rythme de la vie quotidienne fidjienne, est une invitation à participer à un voyage culinaire qui va au-delà du goût, invitant les visiteurs à se plonger dans les racines culturelles de la cuisine fidjienne.

Marché de Sigatoka : un microcosme de la diversité culinaire fidjienne

Situé le long de la magnifique Côte de Corail, le marché de Sigatoka apparaît comme un épicentre réputé de diversité culinaire, mettant en valeur les offres uniques de la ville côtière. Ce marché est un microcosme de la gastronomie fidjienne, proposant une gamme de fruits de mer pêchés le matin même, des collations fidjiennes artisanales et la richesse culturelle qui définit la région. La brise salée de l'océan voisin se mêle aux parfums enivrants du poisson grillé, de la noix de coco et au côté terreux des légumes-racines indigènes.

On ne peut s'empêcher d'être captivé par les étals ornés de prises fraîches – du vivaneau au mahi-mahi en passant par les crevettes géantes et le poulpe. Le marché de Sigatoka donne un aperçu de la longue tradition fidjienne de compter sur les richesses de l'océan. De sympathiques pêcheurs et pêcheuses partagent des histoires de leurs exploits quotidiens, offrant un aperçu des pratiques de pêche durables et de l'importance de préserver l'écosystème marin. Au-delà des fruits de mer, le marché est un paradis pour ceux qui recherchent des collations fidjiennes traditionnelles. Offrez-vous des chips de manioc, des bonbons à la noix de coco et d'autres délices artisanaux qui révèlent le savoir-faire artistique complexe de l'artisanat culinaire fidjien.

Fête fidjienne : plats à essayer absolument et étiquette à manger

S'offrir un festin fidjien est un voyage au cœur de l'hospitalité et de la célébration culturelle fidjiennes, où s'entrelacent accueil chaleureux et riche tapisserie de saveurs. Dans cette expérience culinaire, la compréhension de l'étiquette nuancée à manger ajoute de la profondeur à l'exploration immersive des traditions fidjiennes.

Une fête fidjienne est plus qu'un simple repas ; c'est l'occasion de participer à Meke, un spectacle spectaculaire de danse traditionnelle et une extravagance culinaire. Meke est l'incarnation de la culture fidjienne, où la narration occupe une place centrale à travers des mouvements rythmés, des costumes vibrants et, bien sûr, des plats délicieux. Alors que les battements des tambours traditionnels résonnent, les participants sont entraînés dans un spectacle visuel et auditif qui raconte les histoires des îles. Le festin devient une toile vivante et chaque plat présenté est un coup de pinceau dans le portrait vibrant de la vie fidjienne. Meke n'est pas simplement une performance ; c'est une célébration communautaire, une expérience partagée qui unit les habitants et les visiteurs dans la joie de l'expression culturelle.

Avant de plonger dans la fête, les participants sont accueillis par le Sevusevu, une cérémonie de bienvenue traditionnelle qui incarne l'esprit fidjien de respect et d'inclusion. Ce rituel consiste à présenter un cadeau, souvent sous la forme de yaqona (racine de kava), au chef du village ou à l'hôte. Cet acte symbolise une profonde reconnaissance du fait d'être un invité et un engagement à honorer les traditions de la terre. Sevusevu est un geste profond qui établit un lien entre l'invité et la communauté, créant un sentiment d'appartenance et favorisant un véritable échange culturel. La cérémonie précède non seulement le festin, mais donne le ton à toute l'expérience culinaire, jetant les bases de la chaleur et de la camaraderie qui définissent l'hospitalité fidjienne.

Au fur et à mesure que la fête avance, un autre aspect essentiel de la culture culinaire fidjienne occupe le devant de la scène : le partage du Kava. Cette boisson traditionnelle, préparée à partir de la racine de la plante kava, revêt une immense importance culturelle aux Fidji. Le rituel de partage du Kava favorise un sentiment de communauté et de lien autour d'une expérience partagée. Les cérémonies du kava impliquent souvent un bol commun, ou tanoa, où les participants se rassemblent en cercle pour prendre une boisson légèrement enivrante. L'acte ne concerne pas seulement la boisson elle-même mais la camaraderie qu'elle cultive. Les effets légèrement euphoriques du Kava contribuent à une atmosphère détendue et conviviale, éliminant les barrières sociales et favorisant de véritables liens entre les participants. Partager le Kava est un geste symbolique qui transcende l'acte physique de boire, incarnant l'esprit de convivialité et d'unité qui est au cœur de la culture fidjienne.

En plongeant dans l'aspect culinaire du festin, les participants ont droit à une symphonie de plats incontournables qui illustrent la diversité de la cuisine fidjienne. Le Lovo, méthode de cuisson traditionnelle utilisant un four souterrain, confère aux viandes et aux légumes une richesse fumée à la fois distinctive et alléchante. L'arôme du lovo imprègne l'air, renforçant l'attente du dévoilement de ce chef-d'œuvre culinaire. Le Kokoda, un ceviche fidjien, offre un contraste rafraîchissant avec sa combinaison de poisson cru, de crème de coco et de jus de citron vert. Ses saveurs délicates témoignent de l'abondance de fruits de mer frais qui entourent les îles. Le rourou, un plat végétarien à base de feuilles de taro cuites dans du lait de coco et des épices, met en valeur la polyvalence des produits locaux dans la préparation de repas copieux et savoureux.

Tout au long du festin, l'étiquette à manger joue un rôle crucial dans l'amélioration de l'expérience globale. Observer les normes culturelles telles que retirer ses chaussures avant d'entrer dans une maison ou un espace commun fidjien, utiliser la main droite pour manger et exprimer sa gratitude pour le repas à travers l'expression fidjienne « Vinaka » sont des gestes essentiels qui démontrent le respect des coutumes locales. Engager des conversations avec d'autres convives et hôtes enrichit non seulement l'expérience culinaire, mais ouvre également la porte à un aperçu de la vie, des traditions et des histoires fidjiennes.

Chapitre 5

AVENTURES AQUATIQUES À FIDJI

Fidji, situées tel un joyau radieux dans la vaste étendue du Pacifique Sud, constitue une sirène irrésistible pour les amateurs d'eau en quête d'évasion paradisiaque. Son attrait ne réside pas seulement dans ses plages ensoleillées et ses paysages luxuriants, mais surtout dans la fascinante tapisserie marine qui se déploie sous la surface de l'océan. Le Royaume du Corail, comme on surnomme affectueusement Fidji, présente un spectacle sous-marin qui transcende l'imagination. Des récifs coralliens vibrants, ornés d'une myriade de teintes, s'étendent sur le fond marin, offrant un habitat à une étonnante diversité de vie marine. De la danse éthérée des poissons technicolor au vol majestueux des raies et des requins, les profondeurs riches en coraux des Fidji sont un témoignage vivant de l'équilibre délicat de la nature sous les vagues.

Alors que je plonge au cœur des merveilles aquatiques des Fidji, ce chapitre se déroule comme une tapisserie vibrante d'exploration. Il dévoile les secrets du Grand Récif de l'Astrolabe, une majestueuse barrière de corail au large de l'île de Kadavu, où les plongeurs et snorkelers expérimentés peuvent s'immerger dans un monde de coraux kaléidoscopiques et d'habitants marins. Au-delà des profondeurs, nous déployons les voiles de l'aventure, naviguant sur des eaux cristallines qui reflètent le ciel bleu vif au-dessus. Le paradis de la voile aux Fidji invite les voyageurs à explorer des criques cachées, des îles isolées et des plages immaculées à bord de voiliers ou de « druas » fidjiens traditionnels. Le voyage se poursuit avec le rugissement tonitruant des vagues du Pacifique alors que les passionnés de surf recherchent le spot parfait le long des côtes. Ce chapitre résume l'essence de l'attrait aquatique des Fidji, une convergence de grandeur marine qui promet des expériences inoubliables à ceux qui répondent à l'appel de la symphonie aquatique du Pacifique Sud.

Coral Kingdom : points chauds de plongée en apnée et de plongée

Les Fidji, un royaume où les transitions terrestres et aquatiques se font harmonieusement, dévoilent un monde sous-marin si enchanteur qu'il a valu le surnom de royaume du corail. Cette partie est un voyage dans les profondeurs des merveilles aquatiques des Fidji, un royaume qui invite les plongeurs et les plongeurs à explorer son fascinant kaléidoscope de couleurs et de vie. Alors que la lumière du soleil danse sur les eaux cristallines, un havre de paix se dévoile, orné de récifs coralliens vibrants et regorgeant d'une vie marine diversifiée.

Au cœur de cette symphonie aquatique se trouve le Grand Récif de l'Astrolabe, qui se dresse fièrement comme la quatrième plus grande barrière de corail du monde. Cette merveille sous-marine est située au large de l'île de Kadavu, un lieu devenu un lieu de pèlerinage pour les amateurs de plongée et de snorkeling. En descendant dans les profondeurs azurées, un pays des merveilles sous-marin surréaliste se révèle. Le Grand Récif de l'Astrolabe est une toile vivante de biodiversité, ornée d'un éventail fascinant de formations coralliennes, chacune témoignant de la danse complexe entre les courants océaniques et la vie qu'ils nourrissent.

Les plongeurs et les plongeurs en apnée ont droit à un spectacle de diversité marine qui comprend des requins majestueux, des raies gracieuses et un kaléidoscope de poissons de récif colorés. L'écosystème tentaculaire du récif, façonné par des siècles de processus naturels, offre une opportunité unique d'exploration sous-marine. Les plus audacieux pourraient se retrouver à nager aux côtés de requins de récif, leurs formes élégantes glissant sur l'eau avec une élégance qui dément leur nature prédatrice. Des raies, ressemblant à des êtres célestes, planent gracieusement au-dessus des jardins de coraux, tandis que des bancs de poissons tropicaux s'élancent parmi les coraux, leurs teintes vibrantes peignant le paysage sous-marin.

Pour ceux qui recherchent une expérience plus accessible mais tout aussi enchanteresse, les îles Mamanuca dévoilent une tapisserie de points chauds de plongée en apnée le long de leurs rivages turquoise. La Côte de Corail, qui s'étend le long de la frange sud de Viti Levu, se présente comme un terrain de jeu idyllique pour les plongeurs de tous niveaux. Les jardins de coraux peu profonds, baignés par la douce lumière du soleil, abritent une vie marine abondante, offrant une parfaite introduction aux merveilles sous la surface. Ici, les plongeurs débutants peuvent se plonger dans le monde surréaliste du royaume corallien des Fidji, entouré des teintes vibrantes des formations coralliennes et des pitreries ludiques des poissons tropicaux.

En s'aventurant plus loin dans le domaine des plongeurs expérimentés, le lagon de Beqa apparaît comme un point chaud favori, gagnant sa réputation pour ses murs de coraux mous et sa diversité de vie marine. Ce sanctuaire submergé, connu comme la « Mecque de la plongée dans le Pacifique », témoigne de l'engagement des Fidji en faveur de la conservation marine. Les plongeurs naviguant sur les murs de coraux mous se retrouvent entourés d'une tapisserie vivante de couleurs, les structures délicates se balançant doucement au rythme de l'océan. La lagune de Beqa abrite une riche variété d'espèces marines, depuis les hippocampes insaisissables jusqu'aux impressionnantes murènes coralliennes. Les teintes vibrantes des coraux mous créent une toile de fond fascinante, accentuant le ballet sous-marin de la vie qui se déroule à chaque plongée.

Sailing Paradise : naviguer sur les eaux cristallines des Fidji

Se lancer dans une aventure maritime à travers les eaux cristallines des Fidji est une odyssée qui transcende l'ordinaire, offrant un lien profond avec la beauté côtière de ce paradis du Pacifique Sud. Les Fidji sont un phare pour les amateurs de voile, les invitant à explorer des criques cachées, des plages immaculées et des îles isolées à bord de voiliers qui traversent doucement les étendues azur immaculées. Ce chapitre déploie les voiles de la découverte, mettant en lumière la réputation des Fidji en tant que paradis de la voile et éclairant les expériences captivantes qui attendent ceux qui naviguent sur ses eaux cristallines.

Les îles Yasawa : paradis de la voile

Au cœur du charme de la navigation aux Fidji se trouvent les îles Yasawa, un archipel enchanteur d'origine volcanique. Les amateurs de voile trouvent du réconfort dans la douce étreinte des alizés constants qui propulsent les navires à travers des lagons turquoise et vers des mouillages isolés. Les Yasawas présentent une toile de décors idylliques pour ceux qui aspirent à découvrir la liberté et la tranquillité du large. L'origine volcanique des îles contribue à la formation de paysages spectaculaires, allant d'imposantes falaises à une verdure luxuriante, créant une toile de fond à couper le souffle pour chaque aventure nautique.

De nombreuses compagnies de charter opèrent dans les îles Yasawa, proposant une gamme de navires adaptés aux préférences des marins. Des catamarans modernes, idéaux pour ceux qui recherchent stabilité et confort, aux voiliers fidjiens traditionnels connus sous le nom de « druas », qui portent l'esprit des anciennes traditions maritimes, il existe un voilier adapté à tous les goûts et à tous les niveaux d'expertise. Naviguer sur les eaux autour des Yasawas revient à traverser un paysage marin de rêve, où chaque ondulation de l'eau raconte l'histoire d'une maîtrise de la navigation vieille de plusieurs siècles et de l'harmonie entre le vent et la mer.

Le Lagon Bleu : la sérénité au milieu de la majesté

L'un des joyaux des paradis de la voile aux Fidji est le légendaire Blue Lagoon, niché entre les îles Yasawa et Nanuya Lailai. Ce havre de sérénité captive les marins avec ses eaux calmes et azurées qui s'étendent vers l'horizon, créant une atmosphère éthérée lorsque vous glissez à la surface. L'attrait du Blue Lagoon s'étend au-delà de ses eaux tranquilles, offrant un paysage orné d'imposantes falaises et de verdure verdoyante, créant un panorama pittoresque pour ceux qui explorent ses coins cachés.

En tant que destination de navigation, le Blue Lagoon est sans précédent, permettant aux marins de tracer leur route à travers le labyrinthe d'îles et de découvrir des mouillages isolés où les seuls sons sont le doux clapotis des vagues contre la coque. Le voyage devient une danse poétique entre le marin et la mer, chaque coup de vent et chaque tour de voile tissant un récit d'exploration et de communion avec la nature. Qu'il s'agisse de jeter l'ancre dans une crique tranquille ou de naviguer sous la grandeur d'affleurements rocheux, le Blue Lagoon témoigne de la capacité inégalée des Fidji à allier sérénité et majesté en pleine mer.

Régate de Musket Cove : Célébration du patrimoine maritime

Pour ceux qui recherchent non seulement le frisson de l'eau libre, mais également une immersion culturelle dans le riche patrimoine maritime des Fidji, la régate annuelle de Musket Cove constitue une expérience incontournable. Organisée dans les îles Mamanuca, cette régate attire des marins du monde entier pour participer à une célébration vibrante des prouesses en voile, de la camaraderie et des traditions fidjiennes.

La régate de Musket Cove est plus qu'une course ; c'est un rassemblement festif qui rassemble les passionnés de voile autour d'une passion commune pour la mer. Les participants s'engagent dans des courses exaltantes, naviguant sur leurs navires à travers des parcours difficiles au milieu du magnifique décor des îles Mamanuca. La régate n'est pas seulement une vitrine des compétences en voile, mais aussi une expérience culturelle, avec des cérémonies traditionnelles, des festivités animées et l'hospitalité chaleureuse qui fait la renommée des Fidji.

Au-delà de l'esprit de compétition, la régate de Musket Cove est l'occasion de nouer des liens avec la communauté maritime locale et de constater par soi-même le respect profondément enraciné des Fidjiens pour la mer. L'événement résume l'essence de la culture maritime des Fidji, où la voile n'est pas simplement un sport mais un mode de vie : une danse harmonieuse entre l'homme et l'océan qui a été tissée dans le tissu culturel de ces îles du Pacifique.

Surfing Haven : attraper les vagues dans le Pacifique

Le surf aux Fidji n'est pas seulement un sport ; c'est une rencontre bouleversante avec la puissance brute du Pacifique. Les passionnés du monde entier gravitent vers les côtes des Fidji, attirés par la promesse de surfer sur la vague parfaite au milieu de ce paradis tropical. Les Fidji ont à juste titre gagné leur réputation de paradis du surf, où la houle constante et les eaux chaudes et accueillantes constituent une toile idéale pour les surfeurs de tous niveaux.

Le joyau de la couronne de l'île de Tavarua : Cloudbreak

À l'avant-garde de l'attrait du surf aux Fidji se trouve Cloudbreak, un spot de surf de renommée internationale situé juste au large des côtes de l'île de Tavarua. Cette vague est une légende dans la communauté du surf, réputée pour sa nature puissante et stimulante. Les surfeurs font ici face au frisson de chevaucher des barils colossaux, créés par une combinaison unique de structure de récif et de houle du Pacifique. La réputation de Cloudbreak en a fait une destination incontournable pour les surfeurs professionnels et les aventuriers à la recherche d'une expérience pleine d'adrénaline.

L'attrait de Cloudbreak s'étend au-delà des amateurs de sensations fortes, attirant les spectateurs pour assister à la danse entre le surfeur et la vague. Les eaux turquoise offrent une toile de fond pittoresque à ce théâtre de surf intense, où les pros naviguent avec grâce dans les puissants tubes qui se forment à chaque houle entrante. Alors que le soleil descend sous l'horizon, projetant des teintes de rose et d'orange sur le ciel fidjien, Cloudbreak se transforme en une arène surréaliste où l'essence du surf converge avec la beauté du Pacifique.

Havre des débutants : dunes de sable de Sigatoka sur la côte de corail

Alors que Cloudbreak s'adresse aux surfeurs chevronnés, Fidji offre généreusement des spots pour les nouveaux venus dans ce sport. Le long de la côte de corail de Viti Levu, les dunes de sable de Sigatoka constituent un paradis pour les débutants désireux d'attraper leurs premières vagues. Le sable doré rencontre la mer azur, créant un environnement pittoresque qui invite les novices à s'aventurer dans le monde exaltant du surf.

Les écoles de surf locales le long de la Coral Coast jouent un rôle central en facilitant l'entrée des débutants dans le monde du surf. Ces écoles proposent non seulement des cours sur les bases du canotage et de l'équilibre, mais proposent également la location de planches, garantissant ainsi que même les surfeurs débutants peuvent expérimenter la joie de surfer sur les vagues des Fidji. L'atmosphère encourageante et encourageante, associée au magnifique paysage côtier, transforme le processus d'apprentissage en une aventure mémorable, mêlant le frisson du surf à la sérénité de la beauté côtière des Fidji.

Calendrier de surf des Fidji : d'avril à octobre

La saison de surf aux Fidji correspond à l'hiver de l'hémisphère sud, s'étendant d'avril à octobre. Pendant cette période, le Pacifique offre aux Fidji des vagues constantes, créant des conditions optimales permettant aux surfeurs de perfectionner leurs compétences ou de chasser la montée d'adrénaline des breaks difficiles. Cette saisonnalité fait des Fidji une destination recherchée pour les surfeurs à la recherche d'eaux chaudes et de vagues épiques lorsque leurs spots de surf d'origine connaissent des conditions moins favorables.

Accessibles par bateau ou par un court trajet en voiture, les spots de surf des Fidji s'étendent au-delà des eaux cristallines entourant les îles isolées. Le passage des frégates, connu pour ses longues vagues déferlantes, offre une expérience à la fois stimulante et enrichissante. Serua Rights, sur la côte sud de Viti Levu, offre un autre endroit digne du surf où les passionnés peuvent profiter du frisson des vagues dans un cadre moins fréquenté.

Chapitre 6

EXCURSIONS TERRESTRE ET MERVEILLES DE LA NATURE

Au-delà de l'attrait renommé des plages immaculées et des eaux cristallines des Fidji se trouve un monde captivant de merveilles terrestres à découvrir. Cet archipel enchanteur, composé de plus de 300 îles, présente des paysages luxuriants qui se déploient comme une tapisserie vibrante de verdure et de biodiversité. L'intérieur des Fidji, souvent éclipsé par la beauté de sa côte, révèle des forêts tropicales denses, des cascades et des vues panoramiques sur les montagnes. Ce chapitre témoigne des diverses facettes de la topographie des Fidji, offrant aux voyageurs une porte d'entrée pour s'immerger au cœur des îles. Des sentiers de randonnée sillonnent des jungles sauvages, conduisant les aventuriers vers des oasis cachées, tandis que les réserves naturelles témoignent de l'engagement de l'archipel à préserver ses écosystèmes uniques. Les paysages luxuriants des Fidji promettent un lien profond avec la nature, invitant les explorateurs à découvrir la beauté préservée qui se cache au-delà des rivages sablonneux.

En vous aventurant au cœur des merveilles terrestres des Fidji, vous découvrirez non seulement des paysages à couper le souffle, mais également une vie de village dynamique profondément enracinée dans la culture fidjienne.

Les communautés de l'archipel sont connues pour leur chaleur et leur hospitalité, offrant une immersion culturelle authentique aux voyageurs en quête de plus qu'une simple retraite pittoresque. Ce chapitre dévoile l'opportunité de dialoguer avec les habitants, de participer à des cérémonies traditionnelles et d'avoir un aperçu des rythmes quotidiens de la vie du village fidjien. La tapisserie vibrante du patrimoine culturel des Fidji est tissée dans le tissu même de ses communautés, et les visiteurs ont la chance de faire partie de coutumes et de rituels séculaires. Qu'il s'agisse de parcourir des paysages luxuriants sur des sentiers de randonnée ou de vous immerger dans l'étreinte chaleureuse des villages fidjiens, ce chapitre ouvre la porte à des Fidji au-delà des plages parfaites de carte postale, révélant une terre où la nature, la culture et la communauté convergent dans un mélange extraordinaire.

Paysages luxuriants : sentiers de randonnée et réserves naturelles

Les paysages intérieurs des Fidji invitent les aventuriers, révélant une mine de merveilles naturelles à explorer. Au-delà des rivages ensoleillés et des eaux azurées, l'archipel possède un vaste réseau de sentiers de randonnée qui dévoilent les secrets de son relief luxuriant. Ces sentiers mènent les explorateurs intrépides vers des vues panoramiques qui s'étendent à travers des collines ondulantes, des cascades cachées tombant en cascade à travers un feuillage dense et des vallées verdoyantes où la riche tapisserie de la flore et de la faune des Fidji prend vie.

Un voyage remarquable attend ceux qui se lancent dans le Navala Village Trek à travers la chaîne Sabeto. Cette expérience immersive promet non seulement des paysages à couper le souffle, mais offre également un aperçu profond de la vie quotidienne des communautés fidjiennes locales. Alors que vous traversez des forêts tropicales denses, le bruissement des feuilles et les sons mélodiques des oiseaux exotiques accompagnent votre voyage. En traversant des ruisseaux aux eaux cristallines, vous serez témoin de la beauté sauvage des intérieurs des Fidji et comprendrez la relation symbiotique entre la terre et ses habitants. Le village de Navala émerge comme un joyau culturel niché au milieu des collines, où les traditions sont préservées et où se déploie la véritable chaleur de l'hospitalité fidjienne.

Les amoureux de la nature en quête de réconfort au milieu de la verdure des Fidji peuvent trouver refuge dans le parc forestier de Colo-I-Suva, près de Suva. Ce paradis pour les ornithologues amateurs et ceux qui aspirent à une évasion paisible possède un réseau de sentiers serpentant à travers des forêts tropicales luxuriantes. Colo-I-Suva est une symphonie de mélodies aviaires, un sanctuaire où les oiseaux endémiques voltigent à travers la canopée. Les points forts du parc incluent les fascinantes chutes de Waisila, un chef-d'œuvre naturel qui captive par sa descente gracieuse. Des lieux de baignade sereins, comme les Upper Pools, invitent les randonneurs fatigués à se ressourcer au milieu de la tranquillité de la nature, créant une oasis de calme au milieu du feuillage vibrant.

Pour une expérience de randonnée vraiment enchanteresse, aventurez-vous à Taveuni, surnommée « l'île-jardin », et explorez le parc du patrimoine national de Bouma. Ici, les cascades de Tavoro témoignent de la beauté brute des forêts tropicales des Fidji. En parcourant les sentiers, entourés de flore et de faune tropicales, les trois cascades en cascade se dévoilent dans une symphonie de la grandeur de la nature. L'air est empli du parfum vivifiant d'une végétation luxuriante et la brume des chutes crée une atmosphère magique qui enchante les amoureux de la nature. Le parc du patrimoine national de Bouma résume l'essence des merveilles terrestres des Fidji, offrant un lien profond avec la beauté intacte qui prospère dans ses vallées recouvertes de forêt tropicale.

Vie de village : immersion culturelle et tourisme communautaire

Pour vraiment saisir l'essence de la riche tapisserie culturelle des Fidji, ce chapitre vous invite à vous immerger dans l'étreinte réconfortante de la vie du village. Les initiatives de tourisme communautaire ont prospéré, offrant aux visiteurs l'occasion unique non seulement d'observer mais aussi de s'engager activement avec les habitants, de participer à des cérémonies sacrées et d'acquérir une profonde compréhension du patrimoine fidjien.

Village de Nacula, îles Yasawa :

Niché au cœur des îles Yasawa, le village de Nacula est un exemple de la vie authentique d'un village fidjien. Commencez votre voyage par la cérémonie traditionnelle « sevusevu », un rituel de bienvenue sincère qui signifie le respect mutuel. Cet échange cérémonial de kava, une boisson locale fabriquée à partir des racines de la plante yaqona, symbolise l'établissement de la confiance et de la camaraderie. Alors que le village ouvre ses portes, vous êtes invités à partager un repas commun, favorisant les liens et comblant les fossés culturels. Le spectacle de danse « meke », un spectacle expressif et rythmé, constitue une vitrine vibrante des traditions fidjiennes, chaque mouvement racontant une histoire profondément enracinée dans l'histoire de l'île. Cette expérience immersive dans le village de Nacula dévoile non seulement l'esprit vibrant de la culture fidjienne, mais laisse également une marque indélébile de chaleur et de camaraderie.

Village de Visei :

Situé près de Lautoka et reconnu comme l'une des plus anciennes colonies des Fidji, le village de Viseisei offre une fenêtre captivante sur la riche histoire de l'île. En parcourant les sentiers pavés, vous serez transporté dans une époque révolue où tradition et patrimoine s'entremêlent. La visite de la « bure » du chef, maison traditionnelle fidjienne, dévoile des merveilles architecturales et des coutumes anciennes préservées avec le plus grand soin. Soyez témoin de rituels séculaires tandis que la communauté donne vie à des cérémonies qui ont résisté à l'épreuve du temps. Engagez des conversations avec les anciens du village, gardiens des traditions orales, et absorbez la sagesse transmise de génération en génération. Cette odyssée culturelle à Viseisei offre non seulement un aperçu du passé des Fidji, mais aussi une appréciation de la résilience et de la continuité de son patrimoine culturel.

Tourisme communautaire, Kadavu :

Pour ceux qui recherchent un joyau moins touristique, Kadavu apparaît comme une toile intime pour le tourisme communautaire. Profitez de l'opportunité de séjourner dans des hébergements gérés localement, où la chaleur de l'hospitalité fidjienne s'étend au-delà du simple service. Participez à des expéditions de pêche traditionnelles, guidées par des experts locaux qui partagent des techniques séculaires transmises par les lignées familiales. Cette expérience immersive favorise non seulement une connexion superficielle, mais également une véritable compréhension du mode de vie fidjien. Participez à des activités quotidiennes, du tissage de nattes à la préparation de repas traditionnels fidjiens, en tissant des liens avec les villageois qui partagent généreusement leurs coutumes et leurs histoires. À Kadavu, le tourisme communautaire transcende le tourisme transactionnel ; cela devient un voyage partagé où le voyageur et le local s'entrelacent, laissant un impact durable sur les deux perspectives.

Rencontres avec la faune : explorer la faune des Fidji

Les Fidji, un paradis réputé pour ses écosystèmes marins à couper le souffle, abritent un royaume terrestre tout aussi captivant qui invite les passionnés de la faune à explorer sa faune diversifiée. Ce chapitre dévoile la richesse de la biodiversité des Fidji, invitant les voyageurs à s'aventurer au-delà de l'attrait côtier et à plonger au cœur des îles pour une rencontre inoubliable avec la faune.

Observation des oiseaux à Kadavu :

Kadavu apparaît comme un paradis pour les passionnés d'oiseaux, avec une diversité remarquable d'espèces d'oiseaux, y compris le vibrant perroquet brillant de Kadavu. Plongez dans les forêts luxuriantes de cette île, où l'air résonne des cris mélodiques d'oiseaux uniques. Les visites d'observation des oiseaux dirigées par des guides expérimentés offrent une expérience immersive, donnant un aperçu des comportements et des habitats complexes de l'avifaune des Fidji. En parcourant les sentiers, vous pourrez apercevoir d'autres oiseaux endémiques et migrateurs, créant une symphonie de couleurs et de cris qui fait écho à la beauté intacte des paysages naturels de Kadavu.

Parc national des dunes de sable de Sigatoka :

Sur l'île principale de Viti Levu, le parc national des dunes de sable de Sigatoka présente un mélange fascinant de sables mouvants et d'habitats fauniques diversifiés. Embarquez pour une promenade guidée à travers cette zone protégée, où les anciennes dunes abritent non seulement une flore unique mais aussi des espèces de reptiles et d'oiseaux. L'iguane huppé, emblème des efforts de conservation des Fidji, pourrait se révéler au milieu des sables ondulés. Pendant ce temps, le palmier éventail endémique des Fidji met en valeur la danse délicate de la nature, soulignant l'interconnexion des écosystèmes de l'île. Cette expérience immersive donne un aperçu de l'équilibre délicat maintenu dans les paysages terrestres des Fidji et de l'importance de préserver ces habitats.

École Eco Parc:

Niché le long de la pittoresque côte de corail, le parc écologique de Kula témoigne de l'engagement des Fidji en faveur de la conservation de la faune. Ce sanctuaire sert de refuge aux espèces indigènes, notamment l'iguane à crête des Fidji, en danger critique d'extinction, et un kaléidoscope de perroquets vibrants. Les visites éducatives dans le parc offrent une compréhension plus approfondie de la faune unique des Fidji, soulignant l'importance des efforts de conservation. Les visiteurs ont l'occasion d'assister à la conservation en action, soutenant la mission du parc de protéger et de réhabiliter les espèces menacées. En explorant le parc écologique de Kula, vous contribuez non seulement à la préservation de la faune sauvage des Fidji, mais vous acquérez également une profonde appréciation de l'équilibre délicat entre l'humanité et la nature dans cette nation insulaire idyllique.

Chapitre 7

FAITS SAILLANTS CULTURELS

Au cœur des Fidji, ce chapitre du Guide de voyage dévoile un kaléidoscope de richesse culturelle qui définit l'âme de ces îles enchanteresses. Les cérémonies traditionnelles, représentées dans la première section, transportent les visiteurs au cœur des communautés fidjiennes. La cérémonie sacrée du Kava, avec son symbolisme d'unité profondément enraciné, résume l'essence de l'hospitalité fidjienne. Participer à la préparation rituelle et au partage communautaire du kava donne un aperçu intime des liens profonds qui unissent le peuple fidjien. Une autre facette des cérémonies traditionnelles est la danse Meke, une expression fascinante du conte fidjien à travers des mouvements et des chants rythmés. Qu'il soit vécu dans un village ou à travers des démonstrations privées, le Meke captive le public par son importance culturelle et ses prouesses artistiques, offrant une rencontre immersive avec les traditions vivantes des Fidji.

Au-delà des rituels, la deuxième section de ce chapitre explore les arts et l'artisanat fidjiens, où le patrimoine des îles prend vie sous une forme tangible. Le Masi, le tissu tapa, finement tissé, apparaît comme un symbole de maîtrise artistique et de narration culturelle. Les visiteurs peuvent assister à la création méticuleuse de Masi dans les villages locaux ou acquérir ces pièces uniques comme souvenirs précieux. L'art de la sculpture sur bois, profondément ancré dans la spiritualité fidjienne, se déploie sous diverses formes, révélant les récits des esprits ancestraux à travers des masques de cérémonie et des instruments traditionnels. Des marchés animés aux ateliers d'artisans, le voyage dans l'artisanat fidjien devient une exploration visuelle et tactile d'un héritage culturel dynamique. Ce chapitre sert de passerelle vers le cœur battant de l'identité culturelle des Fidji, invitant les voyageurs à témoigner et à embrasser l'authenticité qui définit ce paradis du Pacifique.

Cérémonies traditionnelles : assister aux célébrations fidjiennes

Fidji, joyau du Pacifique, dévoile une tapisserie culturelle tissée de traditions, de cérémonies et d'un profond sentiment de communauté. Les cérémonies traditionnelles fidjiennes ne sont pas de simples événements ; ils sont le reflet de l'identité des îles, résumant des siècles d'histoire, de valeurs et de liens sociaux. Parmi celles-ci, la « cérémonie du Kava » constitue un phare de l'hospitalité et de l'unité fidjiennes.

Ancrée dans des pratiques anciennes, la cérémonie du Kava se déroule dans le cadre d'un village, offrant aux visiteurs une entrée privilégiée au cœur de la vie communautaire fidjienne.

Au cœur de la cérémonie du kava se trouvent la préparation et la consommation du kava, une boisson traditionnelle fidjienne à base de racines de la plante kava. Connu pour ses effets calmants, le kava n'est pas seulement une boisson mais un symbole d'expérience partagée. La cérémonie commence généralement par le pilage des racines de kava et le mélange de la poudre obtenue avec de l'eau dans un grand bol commun, connu sous le nom de « tanoa ».

La préparation elle-même est un rituel, réalisé avec précision et respect de la tradition. Une fois préparé, le kava est présenté à la communauté, favorisant un sentiment de convivialité lorsque les participants prennent la boisson. L'acte de boire du kava symbolise l'unité, l'amitié et le respect, créant un lien partagé entre les personnes présentes. Les visiteurs ne sont pas de simples spectateurs ; ils sont chaleureusement invités à se joindre à nous, brisant les barrières entre les locaux et les nouveaux arrivants. Cette expérience immersive permet aux voyageurs non seulement de goûter à l'essence des Fidji, mais également de comprendre la signification culturelle de cet ancien rituel.

Le « Meke », une danse traditionnelle fidjienne mêlée de chants et de contes, est tout aussi captivante. Le Meke est plus qu'une performance ; c'est une expression vibrante de la culture fidjienne, donnant vie aux histoires, mythes et légendes transmis de génération en génération. Souvent présenté lors d'événements culturels, de festivals ou d'occasions spéciales, le Meke fascine le public par ses mouvements rythmiques et le mélange harmonieux de musique et de chant. Chaque danse est une histoire racontée à travers le balancement des hanches, les battements des tambours et les voix mélodiques des interprètes. Les visiteurs des Fidji peuvent assister à ces spectacles captivants dans divers contextes, depuis des rassemblements animés dans les villages locaux jusqu'aux grands événements culturels. Pour une rencontre plus intime, organiser une démonstration privée de Meke permet de mieux apprécier la chorégraphie complexe et la signification de chaque mouvement.

Participer ou être témoin de ces cérémonies traditionnelles n'est pas seulement une excursion culturelle ; c'est un voyage dans l'âme des Fidji. L'esprit communautaire lors de la cérémonie du Kava et le génie artistique des Meke mettent en valeur la résilience des traditions fidjiennes dans un monde en évolution rapide. Au-delà des rituels, ces cérémonies constituent un témoignage vivant des valeurs qui unissent les communautés fidjiennes, soulignant l'importance de l'unité, du respect et d'une identité culturelle partagée.

Arts et artisanat : à la découverte de l'artisanat fidjien

La tapisserie artistique des Fidji est intimement tissée d'une myriade d'objets artisanaux qui non seulement mettent en valeur un savoir-faire exceptionnel, mais racontent également la riche identité culturelle de ces îles enchanteresses. Au cœur de cet héritage artistique se trouve le « Masi » ou tissu tapa, un textile traditionnel fidjien qui témoigne de la créativité des insulaires et de leur lien avec leurs racines. Fabriqué à partir de l'écorce interne du mûrier, le processus de fabrication du Masi est une forme d'art méticuleuse qui a été transmise de génération en génération. Les villages des Fidji deviennent des ateliers vivants, où des artisans qualifiés transforment les matières premières en pièces de tissu exquises, chacune racontant une histoire à travers ses dessins et motifs complexes.

L'importance de Masi va au-delà de son attrait esthétique ; il résume l'essence de l'histoire et de la spiritualité fidjiennes. De nombreuses pièces Masi sont ornées de symboles représentant des événements historiques, tandis que d'autres véhiculent de profondes croyances spirituelles. Ces tissus jouent souvent un rôle central dans les cérémonies et les rituels, servant à la fois d'objets pratiques et d'artefacts vénérés. Pour les visiteurs, assister à la création de Masi est une expérience immersive, leur permettant d'apprécier le savoir-faire impliqué et les histoires culturelles intégrées dans chaque pièce. De plus, acheter Masi comme souvenir rapporte non seulement à la maison un artefact visuellement époustouflant, mais établit également un lien tangible avec l'art vivant des Fidji.

La sculpture sur bois constitue un autre pilier important de l'artisanat fidjien, offrant un large éventail d'expressions artistiques. Des masques de cérémonie aux massues de guerre en passant par les ustensiles de tous les jours, la sculpture sur bois aux Fidji est profondément enracinée dans les pratiques et traditions spirituelles. La complexité de ces sculptures raconte des histoires d'esprits ancestraux, avec des symboles et des motifs qui véhiculent les histoires du peuple fidjien. Les marchés locaux et les ateliers d'artisans deviennent des portails vers ce monde de création artistique, offrant aux amateurs d'art l'occasion d'assister directement au processus de sculpture.

L'une des formes les plus emblématiques de la sculpture sur bois fidjienne est le « tanoa », un bol cérémonial utilisé dans la préparation et le partage du kava lors des rituels traditionnels. Le tanoa est un exemple frappant de fusion de fonctionnalité et d'art, car sa conception intègre souvent des éléments symboliques représentant des croyances culturelles. Les visiteurs explorant les marchés locaux ou les villages d'artisans peuvent non seulement admirer ces chefs-d'œuvre, mais également dialoguer avec les artisans pour comprendre les histoires derrière chaque sculpture.

L'art de la sculpture sur bois est profondément lié à la spiritualité fidjienne, reliant les domaines physique et métaphysique. De nombreuses sculptures représentent des figures ancestrales, des dieux et des créatures mythologiques, créant un langage visuel qui communique les croyances et les valeurs du peuple fidjien. Les subtilités des sculptures invitent à la contemplation, offrant une fenêtre sur un monde où convergent l'art et la spiritualité.

Les amateurs d'art peuvent se plonger dans le riche monde de l'artisanat fidjien en explorant les marchés locaux tels que le centre artisanal municipal de Suva ou en rencontrant des artisans dans des villages comme Navala, connu pour ses bures traditionnelles au toit de chaume et ses artisans qualifiés. Ces rencontres permettent une appréciation plus profonde du dévouement et du savoir-faire inhérents à chaque œuvre, favorisant un lien entre le créateur, l'œuvre d'art et l'observateur.

Festivals locaux : participer aux vibrantes célébrations fidjiennes

La tapisserie culturelle des Fidji est étroitement liée à un riche éventail de festivals, chacun offrant une porte d'entrée au cœur palpitant des célébrations fidjiennes. Ces occasions festives éblouissent non seulement avec un kaléidoscope de couleurs, une musique vibrante et des danses traditionnelles, mais témoignent également de la fierté culturelle profondément enracinée des insulaires. Cette section du guide de voyage plonge dans l'expérience immersive de participer à ces célébrations, mettant en lumière trois festivals importants qui mettent en valeur la vivacité et la diversité de l'expression culturelle fidjienne.

Le festival Bula constitue un joyau radieux du calendrier des festivals des Fidji, attirant les habitants et les visiteurs dans la ville animée de Nadi pour une extravagance d'une semaine. L'air est chargé d'excitation à mesure que le festival se déroule, avec une myriade d'événements qui mettent en valeur l'essence même de la culture fidjienne. Des défilés serpentent dans les rues, ornés de costumes traditionnels vibrants et de spectacles de danse animés, offrant aux spectateurs un festin visuel de fierté culturelle. Les danses traditionnelles fidjiennes, transmises de génération en génération, prennent vie sur scène, capturant l'esprit des îles. Les concours culinaires font découvrir aux participants les délicieuses saveurs de la cuisine fidjienne, offrant un voyage alléchant pour les papilles. Le Festival Bula est plus qu'une célébration ; c'est une adhésion communautaire au patrimoine et à l'hospitalité, une occasion unique de voir l'esprit fidjien s'épanouir dans une tapisserie vibrante de festivités.

Pour ceux qui ont un penchant pour le sport, le tournoi mariste de rugby à 7 à Suva constitue un événement incontournable. Le rugby occupe une place importante dans le cœur des Fidjiens et ce tournoi, réunissant les meilleures équipes locales et internationales, est une manifestation de la passion des insulaires pour ce sport. Le stade devient une arène électrique où résonnent les acclamations tonitruantes des fervents supporters, créant une atmosphère chargée d'adrénaline. Les Maristes à 7 ne sont pas seulement un événement sportif ; c'est un phénomène culturel où l'esprit de compétition se mêle à la camaraderie fidjienne. Les visiteurs se retrouvent emportés par cet enthousiasme contagieux, nouant des liens avec les locaux alors qu'ils célèbrent collectivement le frisson du rugby. Au-delà du terrain, le tournoi devient une plateforme d'échange culturel, avec des éléments traditionnels fidjiens intégrés à l'événement, ce qui en fait une expérience holistique qui transcende les frontières du sport.

À Suva, la capitale, le festival Hibiscus se déroule sur plusieurs jours et célèbre les arts, l'artisanat et le divertissement fidjiens. Cet événement dynamique transforme Suva en un centre animé de créativité, alors que les concours de beauté mettent en valeur la grâce et le charisme de la jeunesse fidjienne. Des spectacles en direct, allant des danses traditionnelles à la musique contemporaine, créent une ambiance dynamique qui résonne avec l'esprit artistique de l'île. Les stands regorgent de spécialités locales et d'artisanat artisanal, offrant un régal pour les sens et l'occasion d'explorer les subtilités de l'artisanat fidjien. Le festival Hibiscus est un creuset où les traditions fidjiennes se mélangent harmonieusement aux influences modernes, créant une atmosphère de joie et d'échange culturel. Les participants se retrouvent immergés dans la beauté de la créativité fidjienne, favorisant les liens et forgeant des souvenirs qui perdurent longtemps après la fin du festival.

Chapitre 8

SHOPPING ET SOUVENIRS

Nichées au cœur du Pacifique Sud, le charme des Fidji s'étend bien au-delà de ses plages immaculées et de ses paysages luxuriants. C'est un paradis pour les voyageurs ayant un penchant pour l'exploration et l'immersion culturelle. Ce chapitre sur le shopping et les souvenirs est une ode à la dynamique tapisserie artisanale des Fidji, où chaque marché et marché artisanal dévoile un récit de tradition, de créativité et d'identité locale. Au-delà des côtes ensoleillées, le shopping fidjien offre un portail vers l'âme de l'archipel, invitant les visiteurs non seulement à admirer la beauté naturelle, mais aussi à en emporter un morceau chez eux. Des marchés animés remplis de l'arôme parfumé des fruits tropicaux aux tranquilles stands d'artisans résonnant du tap-tap des mains habiles façonnant le bois et tissant les nattes, l'expérience de shopping fidjienne est un voyage sensoriel à travers le cœur et l'âme des îles.

Alors que je parcoure les trésors du marché, le kaléidoscope de couleurs et la symphonie des bavardages locaux révèlent une gamme enchanteresse de souvenirs. Le tissu Tapa raconte des histoires de sagesse ancestrale, tandis que l'art masikaso et masi met en valeur la maîtrise des artisans fidjiens. Les perles indigènes, scintillantes de l'essence des eaux du Pacifique, deviennent des trésors à porter, et les ensembles sulu jaba incarnent la vibrante identité fidjienne. Ces souvenirs ne sont pas de simples bibelots ; ce sont des incarnations tangibles de la culture et du patrimoine fidjiens. En transition vers les marchés artisanaux traditionnels, le voyage devient plus intime. Le marché municipal de Suva, le marché artisanal de Nadi, le marché fermier de Savusavu et le marché des dunes de sable de Sigatoka attirent par leurs offres uniques, chacune représentant une facette de la vie et de la créativité fidjiennes. Sur ces marchés, les artisans non seulement exposent leurs compétences mais partagent également des histoires, faisant de l'expérience de magasinage un échange culturel où la signification de chaque pièce est dévoilée, transformant un simple achat en un lien significatif avec la communauté locale.

Trésors du marché : des souvenirs uniques à ramener à la maison

Les marchés des Fidji constituent des centres dynamiques où l'essence de la culture fidjienne se mêle aux mains habiles des artisans locaux. Le kaléidoscope de couleurs, de parfums et de savoir-faire crée une expérience immersive pour ceux qui cherchent à ramener chez eux un morceau de ce paradis tropical. Au sein des marchés animés, un monde de trésors uniques se dévoile, chaque objet racontant une histoire et reflétant la riche tapisserie culturelle des îles.

Tissu Tapa : Parmi les souvenirs les plus emblématiques et les plus importants sur le plan culturel se trouve le tissu Tapa, fabriqué à partir de l'écorce interne du mûrier à papier. Ce n'est pas simplement un morceau de tissu ; il s'agit plutôt d'une toile de dessins et de motifs complexes qui véhiculent souvent des récits de l'histoire et des traditions fidjiennes. Le processus de création du tissu Tapa implique le battage méticuleux de l'écorce, ce qui donne une texture unique et une toile pour raconter des histoires. Les visiteurs peuvent trouver des tissus Tapa de différentes tailles, allant des petites pièces adaptées à l'encadrement aux plus grandes destinées aux tentures murales ou à un usage cérémoniel. Les motifs et symboles vibrants sur le tissu Tapa ajoutent non seulement une valeur esthétique, mais servent également de rappel significatif de la richesse culturelle ancrée dans le patrimoine fidjien.

Masikaso et Masi Art : les objets en bois sculpté, tels que des bols, des masques et des figurines, représentent le summum de l'artisanat fidjien. L'art Masikaso et Masi sont des expressions complexes de la maîtrise artistique, chaque pièce témoignant du savoir-faire et de la créativité de l'artisan. Ces objets présentent souvent des motifs et des symboles traditionnels fidjiens, offrant un lien tangible avec les racines culturelles des îles. Les bols, ornés de sculptures détaillées, servent d'œuvres d'art fonctionnelles, tandis que les masques et les figurines résument les récits spirituels et historiques des communautés fidjiennes. Les visiteurs qui explorent les marchés peuvent observer les artisans au travail, sculptant ces trésors avec précision et passion, ajoutant ainsi un élément immersif au processus d'acquisition de souvenirs. Au-delà de leur attrait esthétique, les œuvres d'art Masikaso et Masi deviennent des témoignages précieux de l'histoire des Fidji et de l'héritage durable de ses artisans.

Perles des Fidji : Réputées pour leur beauté éclatante, les perles des Fidji sont un souvenir recherché, incarnant le charme immaculé des eaux du Pacifique. Présentes dans différentes couleurs, formes et tailles, ces perles ne sont pas que des bijoux ; ce sont des souvenirs encapsulés des mers cristallines des Fidji. Qu'elles soient serties dans d'élégants colliers, bracelets ou boucles d'oreilles, les perles fidjiennes dégagent une élégance intemporelle et un lien avec la splendeur naturelle des îles. Les visiteurs ont souvent l'occasion d'assister au processus de culture des perles, renforçant ainsi l'appréciation de ces pierres précieuses exquises. Qu'il s'agisse d'opter pour les perles blanches classiques ou pour les variétés plus rares et vibrantes, rapporter à la maison un bijou en perles fidjiennes garantit un lien tangible et durable avec les paysages marins enchanteurs.

Ensembles Sulu Jaba : Incarnant la vivacité de l'identité fidjienne, les ensembles Sulu Jaba sont des tenues traditionnelles vibrantes et confortables composées d'une jupe portefeuille (sulu) associée à un chemisier assorti (jaba). Ces ensembles ne sont pas simplement des vêtements mais des représentations de la culture et de la mode fidjiennes. Disponibles pour hommes et femmes, les ensembles Sulu Jaba présentent des motifs et des couleurs audacieux, reflétant la diversité et le dynamisme du mode de vie fidjien. Les dessins complexes véhiculent souvent des significations plus profondes, avec des motifs inspirés de la nature, des symboles traditionnels et des motifs historiques. L'acquisition d'un ensemble Sulu Jaba devient un voyage personnel dans la culture fidjienne, permettant aux visiteurs d'enfiler un vêtement local authentique et de porter un rappel tangible de l'identité culturelle des îles.

Artisanat fidjien : des paniers tissés, des nattes au design complexe et une myriade d'autres objets artisanaux forment un kaléidoscope d'objets fonctionnels et décoratifs, chacun mettant en valeur le talent artistique des artisans fidjiens locaux. Tissées à partir de fibres naturelles, ces créations répondent à des fins à la fois pratiques et esthétiques, ce qui en fait des souvenirs polyvalents et uniques. Des paniers finement tissés, parfaits pour ranger des bibelots, aux tapis finement confectionnés qui racontent des histoires à travers leurs créations, l'artisanat fidjien témoigne du lien profond entre les artisans et leur environnement. Le processus de création de ces objets implique souvent des techniques traditionnelles transmises de génération en génération, ajoutant une couche d'authenticité à chaque pièce. L'acquisition d'objets artisanaux fidjiens n'est pas qu'une simple transaction ; c'est une reconnaissance des mains habiles qui ont façonné ces pièces intemporelles et une appréciation des pratiques durables et artistiques enracinées dans la culture fidjienne.

Vitrine de l'artisanat : marchés artisanaux traditionnels

Pour vraiment comprendre et apprécier l'artisanat fidjien, un voyage à travers les marchés artisanaux traditionnels est essentiel. Ces centres dynamiques servent non seulement de lieux de commerce, mais aussi de musées vivants où la riche tapisserie de la culture fidjienne se dévoile entre les mains d'artisans qualifiés. Lorsque les visiteurs parcourent ces marchés, l'air s'imprègne des parfums d'épices exotiques et de fruits tropicaux, créant une toile de fond sensorielle pour le festin visuel des trésors faits à la main.

Marché municipal de Suva : une symphonie des sens dans la capitale

Le marché municipal de Suva, situé au cœur de la capitale fidjienne, est un kaléidoscope de couleurs et un véritable délice sensoriel. Alors que les visiteurs se faufilent entre les étals animés du marché, leurs sens sont éveillés par les images, les sons et les odeurs qui définissent la vie fidjienne. Si le marché est réputé pour ses produits frais et ses épices aromatiques, nichés au milieu des stands de fruits et légumes, des sections dédiées mettent en valeur le savoir-faire des artisans locaux.

En se promenant dans ces enclaves artisanales, on rencontre une myriade d'objets artisanaux, chacun racontant une histoire du patrimoine fidjien. Les articles finement tissés, fabriqués à partir de fibres naturelles, affichent un niveau de savoir-faire transmis de génération en génération. Des nattes aux paniers, ces objets sont à la fois fonctionnels et symboliques, représentant le lien profond que les Fidjiens entretiennent avec leur environnement naturel. Les sculptures en bois, autre point fort du marché municipal de Suva, témoignent de la maîtrise des artisans locaux qui transforment le bois brut en œuvres d'art exquises. Les sculptures représentent souvent des figures mythologiques, des symboles tribaux et des scènes de la vie quotidienne des Fidjiens, offrant ainsi un récit visuel de la riche tapisserie culturelle de l'île.

Marché artisanal de Nadi : où l'authenticité rencontre un commerce animé

Situé à proximité du centre animé de Nadi, le marché artisanal de Nadi est un paradis pour ceux qui recherchent de l'artisanat fidjien authentique. L'emplacement stratégique du marché à proximité des centres touristiques populaires assure un flux constant de visiteurs désireux d'explorer les riches offres des artisans locaux. Ici, l'ambiance est vibrante, remplie de bourdonnements de marchandages, de rires et de grattages occasionnels d'instruments traditionnels fidjiens.

Le marché artisanal de Nadi se distingue par sa gamme diversifiée d'articles fabriqués localement. La poterie, avec ses teintes terreuses et ses motifs complexes, est une caractéristique répandue, mettant en valeur les compétences de fabrication de poterie perfectionnées par les artisans fidjiens. Les visiteurs peuvent trouver de tout, des bols finement peints aux vases délicats, chaque pièce reflétant la sensibilité esthétique unique des artisans. Les amateurs de bijoux apprécieront l'abondance d'accessoires fabriqués à la main, souvent ornés de pierres précieuses et de perles vibrantes provenant de sources locales. En parcourant les allées labyrinthiques du marché, des étals de textile apparaissent, proposant une gamme de tissus allant des imprimés audacieux aux tapas traditionnels. Le marché artisanal de Nadi témoigne du mélange harmonieux de tradition et de commerce, où l'authenticité de l'artisanat fidjien s'épanouit dans une atmosphère de marché animée.

Marché fermier de Savusavu : plus que des produits, une oasis culturelle

Au-delà de sa fonction première de marché agricole, le marché fermier de Savusavu apparaît comme une oasis culturelle, avec des étals regorgeant de trésors artisanaux. Niché dans la ville pittoresque de Savusavu sur Vanua Levu, ce marché est un joyau qui attend d'être découvert par ceux qui recherchent un lien intime avec l'artisanat fidjien. Entouré d'une verdure luxuriante et du doux bourdonnement des bavardages locaux, le marché offre un cadre serein pour une expérience culturelle immersive.

Le marché de Savusavu est un lieu où les artisans exposent non seulement leurs produits, mais invitent également les visiteurs dans leur monde créatif. Interagir avec ces artisans qualifiés ajoute une couche de profondeur à l'expérience de magasinage, car ils partagent des histoires sur leur artisanat, leurs techniques et la signification culturelle de chaque pièce. Les visiteurs peuvent être captivés par le tintement rythmé des coquillages alors que les artisans créent méticuleusement des bijoux, ou par les mains habiles tissant des brins de coque de noix de coco pour former des motifs complexes pour les tapis traditionnels fidjiens. L'atmosphère du marché favorise un sentiment de communauté, où l'échange entre acheteur et vendeur transcende une simple transaction, évoluant vers une appréciation partagée de l'art et du patrimoine fidjiens.

Marché des dunes de sable de Sigatoka : artisanat inspiré de la nature dans une oasis culturelle

Situé à proximité des fascinantes dunes de sable de Sigatoka, ce marché constitue une fusion unique de beauté naturelle et de patrimoine culturel. Les dunes de sable environnantes, façonnées par les vents du temps, offrent une toile de fond inspirante pour l'artisanat qui s'inspire de la riche tapisserie environnementale des Fidji. Le marché des dunes de sable de Sigatoka est un lieu où la créativité rencontre les éléments bruts de la nature, donnant naissance à des pièces vraiment distinctives.

Parmi les offres de ce marché, l'art du sable occupe une place centrale. Les artisans locaux utilisent habilement les sables naturellement colorés des dunes pour créer des designs complexes et des paysages vibrants. Des petites bouteilles d'art complexes aux toiles plus grandes représentant des scènes fidjiennes, le marché présente les diverses façons dont les artistes interprètent l'environnement. Ces pièces constituent une représentation tangible du lien profond entre le peuple fidjien et son environnement naturel. En plus de l'art du sable, les visiteurs peuvent découvrir une gamme d'artisanat inspirés de la flore et de la faune locales, des animaux en bois finement sculptés aux objets tissés ornés de motifs rappelant les paysages luxuriants entourant Sigatoka.

Chasse aux bonnes affaires : conseils pour faire du shopping avisé aux Fidji

Se lancer dans une aventure shopping aux Fidji ne consiste pas seulement à acquérir des souvenirs ; c'est une expérience culturelle qui implique de naviguer dans l'art de la négociation. Les marchés fidjiens, regorgeant d'étals animés et de vendeurs enthousiastes, offrent un cadre unique aux acheteurs avertis pour se plonger dans les coutumes locales et conclure les meilleures affaires.

Dans cette section, nous nous penchons sur l'art de la chasse aux bonnes affaires aux Fidji, en explorant les stratégies nuancées qui peuvent transformer votre escapade shopping en un échange culturel mémorable.

La politesse va très loin : dialoguer avec les vendeurs fidjiens

La première règle pour réussir à chasser les bonnes affaires aux Fidji est d'adopter l'esprit de convivialité et d'hospitalité des Fidji. La politesse contribue grandement à établir une relation positive avec les vendeurs locaux. Engagez des conversations amicales, renseignez-vous sur leurs métiers ou leurs produits et exprimez un véritable intérêt. Les Fidjiens sont fiers de leur culture et sont souvent ravis lorsque les visiteurs démontrent leur appréciation pour leurs traditions. En établissant une connexion au-delà de la transaction, vous créez un environnement dans lequel les vendeurs sont plus enclins à proposer de meilleurs prix ou même à proposer des articles supplémentaires en signe de bonne volonté. N'oubliez pas qu'aux Fidji, le shopping ne consiste pas seulement à échanger des marchandises, mais également à favoriser les liens et à comprendre le mode de vie local.

Maîtriser l'art du marchandage : adopter les normes culturelles

Le marchandage est profondément ancré dans la culture du marché fidjien et constitue une forme d'art que les acheteurs avertis devraient adopter avec enthousiasme. Même si le marchandage peut sembler peu familier à certains, aux Fidji, il s'agit d'une pratique courante et attendue. La clé est de l'aborder avec respect et attitude amicale. Commencez le processus de négociation par un accueil chaleureux, exprimant votre intérêt pour l'article. Cela établit une base pour une interaction positive. Au fur et à mesure que vous exprimez votre désir d'achat, proposez un prix inférieur au montant initialement proposé. Le vendeur peut contre-proposer, initiant ainsi une danse de négociation.

Trouver un terrain d'entente est crucial ; cela garantit que les deux parties se sentent satisfaites de la transaction. N'oubliez pas que le marchandage aux Fidji n'est pas une bataille mais un effort de collaboration, un dialogue engageant où l'acheteur et le vendeur contribuent à l'accord final. Adopter cette norme culturelle améliore non seulement votre expérience de magasinage, mais vous permet également de ramener chez vous des articles uniques à des prix équitables.

Comparer les prix : prise de décision éclairée

Pour naviguer dans les subtilités de la chasse aux bonnes affaires, armez-vous de connaissances. Avant de vous engager dans un achat, prenez le temps d'explorer plusieurs stands ou magasins vendant des articles similaires. Cette approche comparative vous aide à comprendre la fourchette de prix du produit que vous désirez, vous permettant ainsi de prendre des décisions éclairées. Les marchés fidjiens comptent souvent différents vendeurs vendant des articles similaires ou identiques, vous permettant ainsi de choisir la meilleure offre. En comparant les prix, vous évitez le risque de payer trop cher et obtenez un aperçu de la dynamique des prix du marché. De plus, interagir avec différents fournisseurs offre une perspective plus large sur le savoir-faire et la qualité des articles que vous avez l'intention d'acheter. Fort de ces connaissances, vous pouvez naviguer en toute confiance sur le marché, en vous assurant que chaque acquisition est une décision mûrement réfléchie et économiquement rationnelle.

Le timing compte : heures creuses pour une expérience détendue

Le flux et le reflux de l'activité du marché aux Fidji offrent une opportunité stratégique aux acheteurs avertis. Visitez les marchés hors heures de pointe pour profiter d'une expérience de shopping plus détendue. Les heures creuses, souvent en semaine ou tôt le matin, créent une atmosphère plus calme dans laquelle les vendeurs peuvent être plus disposés à s'engager dans des négociations sans se presser. Avec moins de clients en lice pour attirer l'attention, vous bénéficiez de l'avantage d'une concentration sans faille d'un fournisseur, créant ainsi un environnement propice à un marchandage réussi. Le timing compte non seulement en termes de jour mais aussi de saison. Pendant la basse saison touristique des Fidji, qui coïncide généralement avec les mois les plus humides, les vendeurs peuvent être plus ouverts à la négociation en raison de la diminution du trafic piétonnier. Être attentif au timing garantit une excursion shopping plus tranquille et fructueuse, vous permettant de savourer l'échange culturel sans l'agitation.

L'argent liquide est roi : Considérations pratiques pour faire du shopping aux Fidji

Même si les Fidji ont adopté la modernité, de nombreux marchés, notamment les plus petits et les étals traditionnels, préfèrent les transactions en espèces. Pour véritablement maîtriser l'art de la négociation, assurez-vous d'avoir suffisamment de dollars fidjiens sous la main pour votre virée shopping. Alors que les grands établissements et les magasins touristiques acceptent les cartes de crédit, les petits vendeurs fonctionnent souvent uniquement en espèces. Disposer de liquidités à portée de main simplifie non seulement le processus de transaction, mais vous positionne également en tant qu'acheteur préparé et engagé. Il est conseillé de retirer de l'argent aux distributeurs automatiques avant de vous aventurer sur les marchés, afin de vous assurer d'être bien équipé pour explorer la diversité des produits proposés. De plus, le fait de détenir des coupures plus petites peut faciliter les transactions lors du marchandage, permettant ainsi aux deux parties de s'entendre plus facilement sur un prix équitable.

Chapitre 9

AU-DELÀ DU SENTIER TOURISTIQUE

Le charme des Fidji ne réside pas seulement dans ses plages dignes d'une carte postale, mais aussi dans la richesse de sa tapisserie culturelle. Au-delà des centres touristiques animés, ce chapitre dévoile les trésors cachés disséminés à travers l'archipel, invitant les voyageurs à embrasser un lien plus profond avec le mode de vie fidjien. Les îles isolées, épargnées par les empreintes du tourisme de masse, attirent les aventuriers en quête d'authenticité. Kadavu, par exemple, apparaît comme un sanctuaire vierge où les villages fidjiens traditionnels cohabitent avec des paysages préservés. Ici, les visiteurs peuvent s'immerger dans le rythme de la vie locale, participer à des cérémonies séculaires et nouer des liens avec des habitants chaleureux. Ce voyage hors des sentiers battus promet une rencontre intime avec l'âme des Fidji, mettant en valeur la résilience de sa culture au milieu de la beauté intacte de ses paysages.

De plus, à mesure que les voyageurs se lancent dans cette exploration, l'accent se tourne vers la préservation de la splendeur naturelle des Fidji. L'engagement de l'archipel en faveur de l'écotourisme devient évident à Taveuni, surnommée à juste titre « l'île jardin ». Des forêts tropicales luxuriantes, une flore rare et une faune vibrante caractérisent ce sanctuaire, soulignant l'engagement des Fidji à concilier tourisme et conservation. Grâce à des initiatives telles que la replantation de coraux à Vatu-i-Ra et des randonnées durables dans le parc du patrimoine national de Bouma, les visiteurs contribuent activement à la sauvegarde des trésors écologiques des Fidji. Ce chapitre sert de passerelle non seulement pour observer la beauté des Fidji, mais aussi pour participer activement à sa préservation, en favorisant un modèle de tourisme durable qui garantit que l'archipel reste un paradis environnemental pour les générations à venir.

Îles isolées : aventures hors des sentiers battus

L'attrait des Fidji s'étend bien au-delà des hauts lieux touristiques, invitant les explorateurs intrépides à s'aventurer au cœur de ses îles isolées. Ces paradis isolés, chacun orné d'un charme unique et d'une beauté sauvage, offrent une évasion transformatrice de l'ordinaire. Parmi ces joyaux cachés, Kadavu apparaît comme un refuge pour ceux qui aspirent à l'authenticité et à la sérénité. Accessible par bateau ou par avion, cette île témoigne des paysages intacts des Fidji, de la diversité de la vie marine et des traditions préservées de ses villages fidjiens.

Les criques et récifs cachés de Kadavu

Embarquer pour un voyage à Kadavu dévoile un monde de criques cachées et de récifs coralliens immaculés, dressant un tableau d'une beauté naturelle qui transcende l'imagination. Le Grand Récif Astrolabe, qui entoure Kadavu, constitue l'une des plus grandes barrières de corail au monde, créant un spectacle sous-marin qui captive les sens. Les explorateurs peuvent plonger dans les eaux cristallines pour découvrir un royaume enchanteur rempli de coraux vibrants, de bancs de poissons tropicaux et de créatures marines majestueuses. Les amateurs de snorkeling et de plongée se retrouvent immergés dans une tapisserie kaléidoscopique, où chaque rebondissement révèle une nouvelle facette des merveilles de l'océan.

Au-delà des paysages sous-marins enchanteurs, des criques isolées parsèment le littoral de Kadavu, offrant des havres de tranquillité à ceux qui recherchent la solitude. Ces poches de paradis cachées offrent la toile de fond idéale pour des moments intimes et une réflexion tranquille. Les visiteurs peuvent mouiller leurs bateaux dans ces criques abritées, entourées d'une verdure luxuriante et du bruit apaisant des douces vagues. La nature intacte de ces zones préserve non seulement leur état d'origine, mais invite également à un lien profond avec la beauté intacte qui définit l'attrait de Kadavu.

Immersion culturelle dans les villages de Kadavu

L'attrait de Kadavu s'étend au-delà de ses merveilles naturelles ; c'est un témoignage vivant du mode de vie authentique des Fidjiens. Les explorateurs de cette aventure hors des sentiers battus sont accueillis au cœur de la culture fidjienne à travers des expériences immersives dans les villages locaux. S'engager avec les chaleureux Kadavuans permet aux visiteurs d'être témoins et de participer à des coutumes séculaires transmises de génération en génération.

Participer à des cérémonies traditionnelles, telles que la cérémonie de bienvenue du Kava, donne un aperçu des aspects spirituels et communautaires de la vie fidjienne. Les sons mélodieux des chants et des danses traditionnels résonnent dans le village, créant une atmosphère de fête et d'unité. Partager un repas avec les villageois approfondit encore le lien, car les saveurs de la cuisine fidjienne se savourent au milieu de l'hospitalité authentique des habitants. Cette immersion culturelle offre une compréhension profonde de l'interconnexion entre les gens et leur environnement, enrichissant l'expérience globale du voyage.

Escapades écotouristiques : préserver la beauté naturelle des Fidji

Les Fidji, réputées pour leurs paysages à couper le souffle, sont résolues dans leur engagement à préserver l'environnement vierge qui définit leur attrait. Adoptant les principes du tourisme durable, l'archipel propose des escapades écotouristiques qui permettent non seulement aux visiteurs de s'immerger dans la beauté intacte de la nature, mais également de contribuer activement aux efforts de conservation. Parmi ces sanctuaires, Taveuni, surnommée à juste titre « l'île-jardin », constitue un phare en matière de gestion de l'environnement, avec ses forêts tropicales luxuriantes, sa flore rare et sa faune florissante.

Niché au cœur du cadre verdoyant de Taveuni se trouve le parc du patrimoine national de Bouma, témoignage du dévouement inébranlable des Fidji à la conservation. Le parc sert de refuge à la biodiversité, offrant un sanctuaire à une myriade d'espèces végétales et animales que l'on ne trouve nulle part ailleurs sur Terre. Les visiteurs sont invités à se lancer dans une randonnée transformatrice à travers le parc, dévoilant le joyau caché que sont les cascades de Tavoro. Alors que les sentiers serpentent à travers les forêts tropicales luxuriantes, les participants s'immergent dans un écosystème dynamique, avec les cris d'espèces d'oiseaux exotiques résonnant à travers la canopée. Les cascades de Tavoro en cascade à trois niveaux, un spectacle fascinant, récompensent ceux qui recherchent ce trésor caché. Au-delà du plaisir visuel, chaque pas sur ces sentiers contribue à la préservation du parc, car les pratiques de tourisme durable garantissent un impact minimal sur les écosystèmes délicats qui y prospèrent.

Cascades de Tavoro et parc du patrimoine national de Bouma

Le parc du patrimoine national de Bouma, à Taveuni, est un témoignage vivant du succès de l'engagement des Fidji en faveur de la conservation. S'étendant sur plus de 150 kilomètres carrés, cette zone protégée englobe une gamme diversifiée d'écosystèmes, des forêts tropicales denses aux mangroves côtières. Le parc abrite de nombreuses espèces endémiques, notamment la colombe orange vif et l'insaisissable fleur de Tagimoucia, que l'on trouve uniquement dans les hauts plateaux de Taveuni. Les voyageurs qui s'embarquent sur le sentier des cascades de Tavoro sont non seulement témoins de la splendeur de la nature, mais participent activement à sa préservation.

La randonnée commence à travers des forêts denses et anciennes où des fougères colossales et des orchidées vibrantes tapissent le sol forestier. Alors que la lumière du soleil filtre à travers l'épaisse canopée, créant un effet tacheté, le son des oiseaux tropicaux offre une symphonie de l'orchestre de la nature. Le sentier serpente le long de rivières cristallines et offre des vues panoramiques sur l'océan, créant une tapisserie sensorielle qui capture l'essence de la biodiversité de Taveuni. En atteignant les cascades de Tavoro, les participants sont accueillis par le bruit tonitruant de l'eau qui tombe en cascade sur trois niveaux, créant un spectacle naturel qui incarne la beauté préservée des Fidji.

Surtout, le parc du patrimoine national de Bouma a mis en œuvre des pratiques de tourisme durable pour préserver ce joyau écologique. Des réglementations strictes en matière de visiteurs, notamment des sentiers désignés et un accès restreint à certaines zones, minimisent l'impact humain sur les écosystèmes fragiles. Les initiatives éducatives au sein du parc visent à sensibiliser à l'importance de la conservation, en favorisant le sentiment de responsabilité chez les visiteurs. Le succès de la conservation du parc ne se mesure pas seulement à ses paysages luxuriants, mais également à la biodiversité florissante qui continue de s'épanouir sous sa canopée protectrice.

Initiatives de replantation de coraux à Vatu-i-Ra

Le paysage marin de Vatu-i-Ra, situé entre Viti Levu et Vanua Levu, est un paradis marin qui témoigne de l'engagement des Fidji à préserver ses trésors sous-marins. Ce paysage marin est réputé pour ses récifs coralliens vibrants, regorgeant d'une vie marine diversifiée. Pour relever activement les défis auxquels sont confrontés ces écosystèmes délicats, les Fidji ont lancé des initiatives de replantation de coraux à Vatu-i-Ra.

Participer aux efforts de replantation de coraux permet aux visiteurs de s'impliquer directement dans les efforts de conservation marine. Des organisations locales, souvent en collaboration avec des biologistes marins, mènent ces initiatives dans le but de restaurer et de protéger les récifs coralliens des Fidji. Le processus consiste à collecter des fragments de corail, à les cultiver dans des pépinières, puis à les transplanter sur des récifs endommagés ou dégradés. Cette expérience pratique offre aux participants une compréhension approfondie de l'équilibre délicat au sein de l'écosystème marin et des défis auxquels sont confrontés les récifs coralliens, y compris ceux exacerbés par le changement climatique.

La plongée en apnée aux côtés de biologistes marins lors de ces initiatives offre aux visiteurs une occasion unique d'observer de près le monde sous-marin. En explorant les pépinières de coraux et les sites de transplantation, les participants acquièrent un aperçu des relations complexes entre les coraux et la myriade d'espèces marines qui en dépendent pour leur survie. L'expérience va au-delà du frisson de l'exploration sous-marine, favorisant un lien profond avec l'environnement marin des Fidji et un engagement envers sa préservation.

Voyage durable : contribuer à la conservation aux Fidji

Les Fidji sont à l'avant-garde d'un mouvement mondial en faveur du voyage durable, reconnaissant l'importance primordiale de préserver son patrimoine naturel et culturel sans précédent. Cet engagement s'aligne sur la compréhension selon laquelle les voyageurs peuvent apporter une contribution essentielle aux efforts de conservation, offrant un lien profond avec les îles tout en soutenant activement les initiatives qui donnent la priorité au bien-être environnemental et communautaire. Dans cet effort, le chapitre met en évidence trois voies clés par lesquelles les voyageurs peuvent s'engager dans des pratiques de voyage durables aux Fidji : adopter des pratiques touristiques responsables, soutenir les organisations de conservation et adopter des options de voyage neutres en carbone.

Pratiques touristiques responsables

L'adoption de pratiques touristiques responsables est la pierre angulaire du voyage durable aux Fidji. Cela commence par des choix conscients, en commençant par des aménagements. Les voyageurs sont encouragés à choisir des complexes hôteliers et des lodges respectueux de l'environnement qui intègrent des pratiques durables dans leurs opérations, telles que l'efficacité énergétique, la réduction des déchets et la conservation de l'eau. Ces établissements collaborent souvent avec les communautés locales, favorisant le développement économique et le bien-être social. S'engager dans le tourisme communautaire amplifie cet impact, où les visiteurs contribuent activement à la prospérité des communautés fidjiennes. En participant à des échanges culturels, en soutenant les entreprises locales et en respectant les coutumes traditionnelles, les voyageurs enrichissent non seulement leur propre expérience, mais deviennent également des catalyseurs du développement durable.

La réduction de l'utilisation du plastique fait également partie intégrante du tourisme responsable. Les environnements vierges des Fidji sont gâchés par la pollution plastique, ce qui constitue une menace pour la vie marine et les écosystèmes. Les voyageurs sont encouragés à apporter des bouteilles d'eau réutilisables, à refuser les plastiques à usage unique et à participer aux initiatives de nettoyage des plages. La promotion d'une gestion responsable des déchets garantit que la beauté naturelle des Fidji reste intacte pour les générations futures. De plus, le respect des coutumes et traditions locales favorise une coexistence harmonieuse entre les visiteurs et les communautés qu'ils rencontrent. Connaître et adhérer aux normes culturelles améliore non seulement l'expérience de voyage, mais garantit également que le tourisme reste une force positive aux Fidji.

Soutenir les organismes de conservation

Les Fidji abritent un large éventail d'écosystèmes, des récifs coralliens aux forêts tropicales luxuriantes, chacun nécessitant une protection dédiée. De nombreuses organisations de conservation travaillent sans relâche à la sauvegarde de ces merveilles naturelles, et les voyageurs ont la possibilité de contribuer activement à ces efforts. Le soutien aux organismes de conservation peut prendre diverses formes, allant des contributions financières et du bénévolat à la participation à des programmes de sensibilisation.

Pensez à faire un don à des organisations axées sur la conservation marine, telles que la Coral Reef Alliance ou le Fiji Shark Conservation Project. Ces entités œuvrent à la préservation des récifs coralliens dynamiques des Fidji, essentiels au bien-être de la vie marine et à la santé globale des océans. Les opportunités de volontariat abondent, permettant aux voyageurs de s'impliquer directement dans des efforts de conservation concrets, qu'il s'agisse de plantation de coraux, de surveillance de la faune ou de restauration d'habitats.

De plus, la participation à des programmes de sensibilisation organisés par des organisations de conservation permet de mieux comprendre les défis auxquels sont confrontés les écosystèmes fidjiens. Ces connaissances permettent aux voyageurs de devenir des défenseurs de pratiques durables, tant lors de leur visite qu'à leur retour chez eux. En soutenant ces organisations, les voyageurs deviennent des partenaires à part entière dans les initiatives de conservation en cours qui visent à protéger le patrimoine naturel des Fidji.

Options de voyage neutres en carbone

Alors que la communauté mondiale est confrontée aux défis du changement climatique, minimiser son empreinte carbone est devenu une préoccupation urgente. Dans le cadre des voyages, les Fidji proposent des options neutres en carbone qui permettent aux visiteurs d'explorer ses merveilles tout en contribuant activement à la lutte contre le changement climatique. Certaines stations balnéaires et voyagistes des Fidji se sont consacrés à la durabilité, intégrant des pratiques respectueuses de l'environnement dans leurs opérations.

Opter pour un voyage neutre en carbone commence par choisir des hébergements et des prestataires de transport engagés dans la responsabilité environnementale. Les stations balnéaires respectueuses de l'environnement peuvent utiliser des sources d'énergie renouvelables, mettre en œuvre des mesures de réduction des déchets et soutenir les initiatives locales de conservation. De même, certains voyagistes proposent des programmes de compensation carbone, permettant aux voyageurs de compenser les émissions générées lors de leur voyage en investissant dans des projets durables tels que des initiatives de reforestation ou d'énergies renouvelables.

Explorer les Fidji avec un état d'esprit neutre en carbone va au-delà de l'hébergement et du transport. Les voyageurs peuvent participer à des activités à faible impact, telles que des visites écologiques guidées qui donnent la priorité à la conservation et minimisent les perturbations environnementales. En sélectionnant ces options, les visiteurs minimisent non seulement leur propre impact écologique, mais contribuent également activement à l'objectif plus large de créer des Fidji plus durables et plus résilientes.

PRIME

A. Itinéraire d'aventure de 7 jours aux Fidji

Jour 1 : Arrivée à Nadi

Matin : Arrivée à Nadi, la porte d'entrée des Fidji. Installez-vous dans un complexe en bord de mer.

Après-midi : Explorez les marchés animés de Nadi et savourez la cuisine locale. Visitez le temple Sri Siva Subramaniya pour un aperçu culturel.

Soirée : Détendez-vous au bord de la plage, assistez à une cérémonie de bienvenue traditionnelle fidjienne et détendez-vous après votre voyage.

Jour 2 : Excursion aux îles Yasawa

Matin : Prenez un hydravion ou un bateau panoramique vers les îles Yasawa.

Après-midi : faites de la plongée avec tuba dans les eaux cristallines, détendez-vous sur les plages de sable blanc et plongez dans l'atmosphère décontractée de l'île.

Soirée : Vivez une fête traditionnelle fidjienne et des divertissements culturels dans votre hébergement sur l'île.

Jour 3 : Exploration de la Côte de Corail

Matin : Retour sur le continent et direction la Côte de Corail.

Après-midi : Explorez le parc national des dunes de sable de Sigatoka et faites un safari fluvial sur la rivière Sigatoka.

Soirée : profitez d'un dîner au coucher du soleil dans l'un des restaurants en bord de mer.

Jour 4 : Suva Ville et Culture

Matin : Voyage à Suva, la capitale des Fidji.

Après-midi : Visitez le musée des Fidji, les jardins Thurston et le marché municipal animé. Découvrez la scène artistique locale.

Soirée : dînez dans un restaurant au bord de l'eau et profitez de la vie nocturne de Suva.

Jour 5 : Aventure à Pacific Harbour

Matin : Dirigez-vous vers Pacific Harbour, la capitale de l'aventure des Fidji.

Après-midi : essayez la plongée avec les requins, la tyrolienne ou offrez-vous une excursion panoramique en rafting. Visitez le Village des Arts pour des spectacles culturels.

Soirée : Détendez-vous dans votre hébergement à Pacific Harbour et racontez votre journée d'aventure.

Jour 6 : Éco-aventure sur l'île de Taveuni

Matin : Envol pour Taveuni, « l'île jardin ».

Après-midi : Explorez le parc du patrimoine national de Bouma, faites une randonnée jusqu'aux cascades de Tavoro et découvrez la flore et la faune uniques.

Soirée : Dînez dans un restaurant local en savourant les produits frais et les fruits de mer de Taveuni.

Jour 7 : Détente en fumée

Matin : Prenez un court vol pour Savusavu sur Vanua Levu.

Après-midi : détendez-vous dans les sources chaudes, explorez les marchés locaux et participez à des activités nautiques.

Soirée : Profitez d'un dîner d'adieu dans un restaurant au bord de l'eau, réfléchissant à votre mémorable voyage aux Fidji.

Cet itinéraire offre un mélange d'expériences culturelles, d'aventure et de détente, offrant aux voyageurs un aperçu complet de la diversité des paysages et des traditions vibrantes des Fidji. Des ajustements peuvent être effectués en fonction des préférences individuelles et des intérêts spécifiques des voyageurs.

B. Collection de phrases de base que les voyageurs se rendant aux Fidji devraient apprendre

Apprendre quelques phrases de base en fidjien peut améliorer votre expérience de voyage et montrer du respect à la culture locale. Voici une collection de phrases essentielles pour les voyageurs se rendant aux Fidji :

1. Ouvrir Vinaka - Bonjour / Bienvenue (salutation commune)
2. Yadra - Bonjour
3. Dans sa yadra - Bonjour (réponse)
4. Pouvoirs - Au revoir
5. Vinaigre - Merci
6. Vinaigre vaka levu - Merci beaucoup
7. Yalo vinaka - Bon esprit (adieu commun)
8. Parler - Parler ou conversation
9. Ils se sont enfuis - Croire
10. Vakacegu - S'il te plaît
11. Macala - Comprendre
12. Séga - Non
13. Il - Oui
14. Lomo levu - Beaucoup d'amour
15. Sous conte - À plus tard
16. Noqu Vanua - Mon pays

17. Déjà maïs et deux - Un village
18. Matanitu - Royaume
19. Sous na toba - Excusez-moi / Désolé
20. Yadra vinaka - Bonjour (utilisé dans des situations plus formelles)

Apprendre et utiliser ces phrases sera non seulement apprécié par les habitants, mais rendra également vos interactions plus agréables et mémorables pendant votre séjour aux Fidji.

C. 10 choses que vous ne devriez pas faire aux Fidji en tant que voyageur

Manquer de respect aux coutumes locales : Les Fidji possèdent un riche patrimoine culturel et il est essentiel de respecter les coutumes locales. Évitez de porter des vêtements révélateurs dans les villages et suivez les directives fournies par les habitants lors des cérémonies traditionnelles.

1. Toucher Têtes du peuple : Dans la culture fidjienne, la tête est considérée comme sacrée. Évitez de toucher la tête de quelqu'un, même de manière ludique, car cela est considéré comme irrespectueux.

2. Ignorer Protocoles Sevusevu : Si vous êtes invité dans une maison fidjienne, il est de coutume de présenter un petit cadeau, connu sous le nom de sevusevu, au chef du village. Ignorer cette tradition peut être considéré comme impoli.

3. Sans tenir compte Conservation de l'environnement : Les Fidji accordent une grande importance à la conservation de l'environnement. Ne jetez pas de déchets, n'endommagez pas les récifs coralliens et ne nuisez pas à la vie marine. Suivez des pratiques respectueuses de l'environnement pour contribuer positivement à l'environnement.

4.Perturber la faune locale : Les Fidji abritent une faune sauvage diversifiée. Évitez de nourrir, de toucher ou de déranger les animaux dans leur habitat naturel, tant sur terre que dans l'eau.

5. Publique Manifestations d'affection : La culture fidjienne a tendance à être conservatrice, en particulier dans les zones rurales. Gardez les manifestations publiques d'affection modestes et soyez conscient des sensibilités culturelles.

6. Négliger Cérémonies traditionnelles : Si vous êtes témoin ou êtes invité à participer à une cérémonie traditionnelle fidjienne, montrez votre appréciation en étant présent et respectueux. Évitez de parler ou de vous déplacer inutilement lors de ces événements.

7. Utilisation Langage ou gestes offensants : utilisez toujours un langage poli et respectueux. Évitez les gestes ou expressions offensants qui pourraient être mal compris par la population locale.

8. Négliger négocier de manière appropriée : la négociation n'est pas une pratique courante aux Fidji, en particulier dans les magasins et les marchés formels. Soyez attentif à l'étiquette appropriée et évitez le marchandage agressif.

9. Surplombant Avertissements de temps violent : Les Fidji sont sujettes aux tempêtes tropicales et aux cyclones. Restez informé des conditions météorologiques et suivez les conseils des autorités locales. Ignorer les avertissements peut mettre votre sécurité en danger.

D. 10 endroits que vous ne devriez pas visiter aux Fidji en tant que voyageur

Bien que les Fidji soient généralement une destination sûre et accueillante, les voyageurs peuvent vouloir faire preuve de prudence ou éviter certains endroits pour diverses raisons, notamment des problèmes de sécurité, des sensibilités culturelles ou des problèmes environnementaux. Voici dix endroits que les voyageurs pourraient vouloir aborder avec prudence ou éviter :

1. Navosa Intérieur de la province : L'intérieur de la province de Navosa peut être difficile à parcourir, et il est conseillé de voyager avec un guide expérimenté en raison du terrain accidenté et des infrastructures limitées.

2. Certain Îles isolées : Certaines îles isolées peuvent manquer d'infrastructures touristiques adéquates, et visiter sans dispositions appropriées peut poser des problèmes. Assurez-vous de disposer de moyens de transport et d'hébergement fiables dans les zones moins touristiques.

3. Certain Quartiers de Suva la nuit : Bien que Suva soit généralement sûre, certains quartiers peuvent avoir des taux de criminalité plus élevés, surtout la nuit tombée. Il est conseillé de faire des recherches et de s'en tenir aux zones très fréquentées.

4. La grâce Province lors de fortes précipitations : La province de Namosi peut connaître de fortes précipitations, entraînant des inondations et des glissements de terrain. Les voyageurs doivent vérifier les conditions météorologiques et éviter cette zone en cas de mauvais temps.

5. Navua Rivière lors de crues soudaines : La rivière Navua peut être sujette à des crues soudaines, en particulier lors de fortes pluies. Il est essentiel de vérifier les prévisions météorologiques et d'éviter les activités fluviales dans des conditions incertaines.

6. Certain Colonies de squatteurs urbains : Certaines colonies de squatteurs urbains peuvent avoir des infrastructures limitées et poser des problèmes de sécurité. Faites preuve de prudence et soyez respectueux lorsque vous explorez ces zones.

7. Certain Récifs coralliens : Bien que les Fidji possèdent de superbes récifs coralliens, certains peuvent être sujets au blanchissement des coraux ou au tourisme excessif. Les voyageurs devraient donner la priorité aux opérateurs de plongée en apnée et de plongée respectueux de l'environnement afin de minimiser l'impact environnemental.

8. Terrain Zones de mines : soyez prudent à proximité des zones qui étaient autrefois utilisées pour l'entraînement militaire, car il peut y avoir des restes tels que des mines terrestres. Tenez-vous en aux sentiers bien balisés et évitez de vous aventurer dans des territoires inconnus.

9. Certain Zones de vie nocturne à Nadi : Bien que Nadi ait une vie nocturne animée, certaines zones peuvent avoir la réputation d'être bruyantes. Les voyageurs doivent être conscients de leur environnement et choisir des lieux bien établis.

10. Certain Sites sacrés : Les Fidji comptent de nombreux sites sacrés, et certains peuvent ne pas être ouverts aux touristes ou nécessiter des autorisations spéciales. Il est essentiel de respecter les coutumes locales et de demander conseil avant de tenter de visiter de tels endroits.

Effectuez toujours des recherches approfondies et tenez compte des conseils locaux lors de la planification de votre itinéraire de voyage aux Fidji. Bien que ces zones puissent présenter des préoccupations potentielles, de nombreux autres endroits magnifiques et sûrs aux Fidji offrent des expériences inoubliables aux voyageurs.

E. PLANIFICATEUR DE VOYAGE

DESTINATION:

RENDEZ-VOUS:

MON	MAR	ÉPOUSER	JEU	VEN	ASSIS	SOLEIL

SITES À VOIR:

…………………….

…………………….

…………………….

…………………….

DES ENDROITS POUR MANGER:

…………………….

…………………….

…………………….

…………………….

…………………….

…………………….

EXCURSIONS:

....

....

....

....

LES DÉTAILS DU VOL:

Printed in France by Amazon
Brétigny-sur-Orge, FR

20148731R00087